· 投资与估值丛书 ·

投资尽职调查
安全投资第一课

[美] 肯尼思·斯普林格 乔尔·斯科特 著 郭平 译
（Kenneth S. Springer）（Joelle Scott）

DIGGING FOR DISCLOSURE
Tactics for Protecting Your Firm's Assets from Swindlers, Scammers, and Imposters

机械工业出版社
CHINA MACHINE PRESS

图书在版编目（CIP）数据

投资尽职调查：安全投资第一课 /（美）肯尼思·斯普林格（Kenneth S. Springer），（美）乔尔·斯科特（Joelle Scott）著；郭平译 . —北京：机械工业出版社，2020.4（2023.4 重印）

（投资与估值丛书）

书名原文：Digging for Disclosure: Tactics for Protecting Your Firm's Assets from Swindlers, Scammers, and Imposters

ISBN 978-7-111-65135-2

I. 投… II. ① 肯… ② 乔… ③ 郭… III. 投资–研究 IV. F830.59

中国版本图书馆 CIP 数据核字（2020）第 047384 号

北京市版权局著作权合同登记　图字：01-2020-0151 号。

Kenneth S. Springer, Joelle Scott. Digging for Disclosure：Tactics for Protecting Your Firm's Assets from Swindlers, Scammers, and Imposters.

ISBN 978-0-13-138556-6

Copyright © 2011 by Pearson Education, Inc.

Simplified Chinese Edition Copyright © 2020 by China Machine Press.

Published by arrangement with the original publisher, Pearson Education, Inc. This edition is authorized for sale and distribution in the Chinese mainland (excluding Hong Kong SAR, Macao SAR, and Taiwan).

No part of this book may be reproduced or transmitted in any form or by any means, electronic or mechanical, including photocopying, recording or any information storage and retrieval system, without permission, in writing, from the publisher.

All rights reserved.

本书中文简体字版由 Pearson Education（培生教育出版集团）授权机械工业出版社在中国大陆地区（不包括香港、澳门特别行政区及台湾地区）独家出版发行。未经出版者书面许可，不得以任何方式抄袭、复制或节录本书中的任何部分。

本书封底贴有 Pearson Education（培生教育出版集团）激光防伪标签，无标签者不得销售。

投资尽职调查：安全投资第一课

出版发行：机械工业出版社（北京市西城区百万庄大街 22 号	邮政编码：100037）
责任编辑：赵陈碑	责任校对：李秋荣
印　　刷：北京建宏印刷有限公司	版　　次：2023 年 4 月第 1 版第 5 次印刷
开　　本：170mm×230mm　1/16	印　　张：11.5
书　　号：ISBN 978-7-111-65135-2	定　　价：59.00 元

客服电话：（010）88361066　68326294

版权所有 • 侵权必究
封底无防伪标均为盗版

致 谢

过去数年，以下人员与我们同舟共济，一路走来，他们给予了我们极大的帮助与支持，在此，我们深表谢意：

企业决策服务股份有限公司（Corporate Resolutions，Inc.）的卓越团队，特别是谢利·马里纳罗（Shelley Marinaro）、凯拉·布拉迪（Kayla Boorady）、理查德·麦克唐奈（Richard MacDonnell）、克里斯廷·文斯克（Kristin Wenske）、丹·瓦萨洛（Dan Vassallo）、劳拉·克莱因（Laura Klein）、劳伦·古米拉（Lauren Gumiela）、唐·克拉斯金（Don Klaskin）；继续与我们一路前行的、令人盛赞的我公司客户；我们的亲人和朋友，包括玛丽·斯普林格（Mary Springer）、肯尼·斯普林格（Kenny Springer）、让·斯普林格（Jenn Springer）、奥古斯特·斯普林格（August Springer）、米歇尔·斯普林格（Michael Springer）、斯蒂芬妮·斯普林格（Stephanie Springer）、埃莉诺·斯普林格（Eleanor Springer）、比利·斯普林格（Billy Springer）、汤姆·斯普林格（Tom Springer）、马丁（Martin）、迈尔斯（Miles）、韦斯特·麦高恩（West McGowan）、理查德·瓦尔德（Richard Wald）、梅根·梅休（Meghan Mayhew）、亚历克西斯·明茨（Alexis Mintz）、杰奎琳·克林格（Jacqueline Klinger）、萨曼莎·伯恩斯坦（Samantha Beinstein）、玛德琳·佩雷斯（Madeleine Perez）、霍华德（Howard）、卡伦·斯科特（Karen Scott）、乔伊·斯科特（Joy Scott）；当然，还有无比耐心的、对我们提供了巨大帮助的编辑同志和出版商。

序言 | Digging for Disclosure

"真后悔当初调查工作做少了！"

"调查？我连想都没想！"

"我以为这种事不会在我身上发生。"

你以为我是心理医生？大错特错！我不是心理医生，上面这些话不是出自我的患者之口，而是一些"韭菜"投资者的痛切感言。被伯尼·麦道夫（Bernie Madoff）骗得元气大伤也好，被借款人、对冲基金经理或一同投资的高管误导了也罢，这些投资者血本无归，颜面尽失，俨然是赔了夫人又折兵。身为美国联邦调查局前特工和一家商业调查公司的总裁，我积累了大量的商业预防方法。这些方法可以帮助大大小小的投资者做好自我利益保护，以免中了骗子的圈套而沦为其猎物。在过去几年中，纵然你所做的投资还算成功，不曾掉进投资陷阱，那也只能说你应感谢上苍。但无论如何，我的这些方法都阐明了一点，即为确保你在投资过程中不翻船，情报收集颇有必要。在过去 20 年里，我做了大量的案例调查，并将这些实践、教训和故事汇编成册，与你分享。我希望，在下次投资之前，你会用我的这些方法先武装自己。

财务与法律尽职调查，乃投资界公认准则。但人们往往忽视了对管理团队、基金经理或投资顾问进行适当的背景调查的重要性。背景调查指的是你的"人员尽职调查"。投资成功与否，完全取决于手握你资金的人的能耐。尽管公司资产负债表上并无此项，但管理层人员其实就是你最大的资产。不幸的是，许多投资者都是事后方知陷入投资陷阱，已然遭受损失并背上沉重负债时，才捶胸顿足，悔之晚矣。

1991年，我创办了一家专门从事商业调查的公司——企业决策服务股份有限公司。从那时算起，我已做过数以千计的个人和公司的背景调查。我们发现，有三大错误是投资者一犯再犯的，它们分别是：

- 跟风从众，一拥而上。投资者不做研究，仅凭声望评判（伯尼·麦道夫利用亲和力设下庞氏骗局就是最典型的例子）。人人都假定，前期工作已由其他投资者做了，自己何必多此一举呢？如果有人说"他很出名""我把他们的根底查了个遍"或"我认识他，人蛮不错"，那意味着什么呢？这就看你自己了。对风险（或安全）的定义或界定，往往因人而异，所以你要亲自调查。被自己不喜欢的人所骗，极少发生，而伯尼·麦道夫的投资者们偏偏喜欢他。虽然麦道夫并未引起美国经济萧条，但他令我们反省自身，重新审视自己的投资决策过程。

- 一叶障目，不见泰山。投资者的双眼往往被蒙蔽，他们只关注一笔交易的预期回报，而对潜在风险和已知风险视而不见。对于他们收集的所有信息，必须去伪存真，不可尽信。须谨记，如果你的钱投错了人，就是肉包子打狗，有去无回。投资回报再高，那也只是梦幻泡影而已。

- 不做调查，越陷越深。投资者通常草率行动，不会静下心来，先对某个人做背景调查。草草决定和巴不得一下子将信息尽握手中，是我们的通病。在做出某项投资前，一定要未雨绸缪，防范在先。江山易改，本性难移，我们往往可以根据一个人的过往表现推知其未来会做什么。尽管很多信息唾手可得，但要完成适度谨严的背景调查，却需要时日。诸如联系对方的推荐人，确认其学历，审视其遭遇的法律诉讼，考虑媒体和互联网关注度等，凡此种种，都是必修课。而要完成这些步骤，并非朝夕之事。正如罗纳德·里根总统曾说："信任归信任，但也得查证。"

投资未敲定前，背景调查通常会给你"当头一棒"，让你感觉"到手的鸭子飞了"。其实不然，背景调查可以帮你远离投资雷区，甚至帮你发掘并捕捉那些"黑马"。美国对投资行业施压的联邦法规和州法规有增无减，各个企业将必须（且部分企业已经）一丝不苟地履行尽调流程。不像谷歌快搜，也不像犯罪记录审核时在复选框中打个钩，这些流程要烦琐得多。回顾一下2009年三大投资丑闻的罪魁祸首——伯尼·麦道夫、罗伯特·艾伦·斯坦福（Robert Allen Stanford）和彭日成（Danny Pang），你就会发现，此三人有一个共性，即无犯罪记录。单凭这一点，就足以证明：只做背景调查远远不够。为你的投资上把安全锁至关重要，而全面的背景调查就是你的最可靠工具。

我们发现，尽管网上信息浩如烟海，但深掘未知信息才是王道。这两类信息的价值不可相提并论，明确这一点会为你（作为审慎投资者）更好地护航。对细微差别、大言不惭和真真假假的辨别能力，和发现蓄意犯罪记录或监管问题的能力一样，不可或缺。对于这一点，本书做了详细论述。

但这并不是说，昭然的犯罪记录不危险。我们揭穿了大量惊人骗局：复杂的洗钱骗局、贩毒团伙、公然性骚扰、窃取知识产权、窃取和骗取投资者的资金与信任、虐待配偶以及炫耀成就的高调谎言。欺骗无处不在。

搜集企业情报、做全球背景调查及企业调查，就是我们公司的工作。出借人、私募股权基金、投资者、对冲基金、投资顾问、律师事务所、保险公司、养老基金、其他公司及政府机构等，都是我们的客户。

背景调查，不再像间谍活动那样险象环生。了解信息，多多益善。背景调查，不仅仅是我们向公司来访人员推崇的方法，更已成为监管机构力荐的方法。在《萨班斯-奥克斯利法案》《美国爱国者法案》，以及"了解你的客户"（KYC）和公司治理中，背景调查成了硬性规定。

在敲定交易、并购公司或聘任高管（书面上）之前，我们会在调查人员和情报分析员的协助下，对个人和公司的公共记录与数据库做翔实的研究和核实并展开单独访谈。在美国联邦调查局工作期间，我花了超过12年的时间从事白领犯罪调查。但这些经验的启发性或许稍逊于我创立企业决策服务股份有限公司以来亲历的那些经验。比起鸡尾酒会上的美食美酒，我们在从事这一行业过程中的所见所闻要令人眼花缭乱得多。故事花样百出，但万变都离不开一个字——"骗"。

2011年,《华尔街日报》《纽约时报》《对冲世界》《吉普林格个人理财》《彭博资讯》,以及美国消费者新闻与商业频道和福克斯商业网等知名媒体,无不请教我们的专家就麦道夫丑闻、罗伯特·艾伦·斯坦福事件和庞氏骗局给出专业调查观点。而我们对这些媒体的回答始终如一,那就是:诸如尽职调查之类的工作没做足,案头研究工作不足。麦道夫丑闻的发生,使投资者的原有游戏规则大为改变。投资者所担风险,不再只是财务方面的,声誉也会受影响。盲目信仰和良好声誉不再足以构成投资的充分理由,这是贯穿本书的一条主线。我们希望,我们的经验能够使一些不容忽视的警示信号显现出来,并为投资者提供自我保护的方法,以免将来问题缠身。

目录 | Digging for Disclosure

致谢

序言

第 1 章　知根知底而后行　　　　　　　　1
　　小题大做过了吗　　　　　　　　　　　　2
　　对策：举一反三逐个查　　　　　　　　　3
　　"哥哥大胆往前走"　　　　　　　　　　　3

第 2 章　骗子心态想问题　　　　　　　　7
　　行骗得有鬼点子　　　　　　　　　　　　7
　　羊毛出在羊身上　　　　　　　　　　　　8
　　巧设迷局高姿态　　　　　　　　　　　　9

第 3 章　小谎言大线索　　　　　　　　　13
　　大"吸血鬼"德雷尔　　　　　　　　　　14
　　案情：投行大咖瘾君子　　　　　　　　　15
　　对策：文件或藏龌龊事　　　　　　　　　15
　　案情：首席财务官自作盗　　　　　　　　16

	对策：公司记录广泛搜	17
第 4 章	欺诈捏造各参半	21
	案情：找准症结下对药	21
	对策：得饶人处且饶人	23
	案情：天之骄子沦落人	24
	对策：彻查案底不懈怠	25
第 5 章	开口问问有答案	27
	案情：清者自清"家暴男"	28
	对策：张口勤问有收获	30
	案情：宝妈履历，宝贝证实	31
	对策：亲友同事遍问之	32
	案情：离职潮背后的那些龌龊事	34
	对策：前雇员们是至宝	35
	案情：丑恶负面拆穿之	36
	对策：罪犯罪行无处藏	39
第 6 章	跨出国门做调查	41
	案情：无中生有境外厂	41
	案情：隐瞒踪迹有玄机	42
	案情：慎防伪王子成灾	44
	对策：国外线人帮大忙	44
	美国《反海外腐败法》	46
	案情：巴西遭讹"睁眼瞎"	47
	对策：商业环境大改观	48
第 7 章	"千锄万锄"掘信息	51
	案情：狼披羊皮掩耳目	52

最白谎言总苍白	52
死性不改科斯莫	53
对策：犯罪记录细细寻	55
案情："酒会冒出"故事王"	56
对策：掀开诡计假外衣	58
上佳做法好惯例	59

第 8 章　竞争须有"撒手锏"　61

案情：期权回溯"老鼠仓"	62
案情：医疗欺诈大谜团	64
对策：俗套方法并不俗	65
案情：蚂蚁搬家出内鬼	66
对策：公司记录"藏黄金"	68

第 9 章　亡羊补牢犹未迟　69

案情：假作真时真亦假	69
对策：和前雇员碰碰头	70
访谈如何高效化	71
案情：放贷遇施"空城计"	73
投资也可上保险	74
保护无辜不容辞	74
案情：滴水不漏大骗局	75
对策：抽丝剥茧入里查	77

第 10 章　匿名威胁抓源头　79

对策：不当行径三要素	82
家有内鬼怎么办	83

第 11 章	前科嫌犯再遭疑	85
	案情：臭味相投好球友	85
	对策：蛛丝马迹媒体中	89
	案情："忠诚"雇员盗上瘾	90
	对策：信用记录梳一梳	94
	案情：故作高端大骗子	94
	对策：连点成线渐清晰	97
第 12 章	检举热线益处多	99
	案情：猖獗骗子如鼠行	100
	对策：检举热线好帮手	100
	黄金时间举报多	101
第 13 章	律师照样需外援	103
	案情：自吹自擂"破产"者	104
	案情：助力律师做调查	105
第 14 章	交易市场有"教父"	109
	案情：犯罪渗入建筑业	111
	对策：《反勒索及受贿组织法》释疑	112
	犯罪青睐建筑业	113
	案情：行骗未遂俄罗斯人	114
	案情：有染黑帮大威胁	115
第 15 章	资产调查知虚实	117
	案情：趁势装穷地产商	117
	对策：房产文件留印迹	119
	隐匿资产现原形	120

  案情：小小司机大功臣 122

  对策："山重水复"有线人 122

  发现资产有其法 123

第 16 章 公司调查多角度 127

  案情：遭遇网骗认倒霉 128

  对策：监管机构去裁决 129

第 17 章 自当裁判自做主 133

  案情：欺诈青楼二选一 133

  案情：性瘾、文件与交易 136

  案情：小偷摇身变高管 136

  对策：风险偏好自评估 137

第 18 章 调查人员"撒手锏" 141

第 19 章 反复测评辨真伪 155

  厚颜无耻麦道夫 156

  变化无常斯坦福 158

  害人不浅彭日成 162

  巴尤基金曾记否 165

  故事寓意你知否 166

Digging for Disclosure | 第 1 章

知根知底而后行

　　星期五早上 6 点,那是在你履新的第一个星期。在康涅狄格州格林威治市,你已从周一到周五连续工作 5 天,但当你步入你 13 名下属的办公室所在的那栋楼时,依然需要向大堂保安自报家门。你找到了自己履新的写字间(明间),把深棕色皮革包搁在窗台上,那是尊夫人去年送你的圣诞礼物。此前早已习惯了高耸的楼宇和靓丽的城市天际线,你尚无法相信,眼前这些矮小楼丛,也能堪称"景观"。你倚靠在窗前,凝望窗外,沉思良久。你坐在艾龙办公椅上转来转去,只见 4 名常春藤盟校的研究人员,正噼噼啪啪地在黑色键盘上敲个不停。你让他们先把手中的工作放一放,来你的办公室。"新官上任",你该先"来把火"了。

　　作为纽约市一名实战经验丰富的并购专家,在过去 3 个月中,你苦口婆心,试图说服公司董事会 5 名"死不开窍"的成员相信你能担此大任,经营好这家私募股权公司。这家公司在过去 4 年里曾屡屡力挽狂澜,使半死不活的公司峰回路转、起死回生,确保了投资者的资金无虞,因而声名鹊起。你的"鸿鹄之志"终可如愿以偿。1 500 万美元现金在手,应当投向哪里,等你定夺。

　　过去一周,为了给所募资金找个好的"目标公司",你的研究团队加班加点、夜以继日。他们匆匆来到你的办公室，热切取悦你这位"上任新官"，将美国中西部某家塑料企业的资产负债表拿给你看，称这家企业存在资金缺口，为摆脱困境，有资金需求。时隔两天，你就飞赴那里，和该公司企业主碰面。他热情满满，让你对他颇有好感。你到工厂巡视了一周，见到了其57名员工。他们饭碗难保，都望你做其"救世主"。回到康涅狄格州，你就此做了一些法律尽职调查工作，并运用一些财务模型做了一番演算。本次研究长达半年之久。你对这家公司的企业主、员工及其业务经营已然了解。这样一家公司，正是你求之不得的投资标的。

于是，你决定收购这家公司，并拟订条款清单。这是你在这家私募股权公司履新后的"首秀"投资，要是搞砸了，你会下不了台。一想到这里，你就不由得捏一把冷汗。你决定，一定要慎之又慎，决不可贸然行动，待功课做足，有备无患，才会白纸黑字敲定交易。你致电一家私人调查公司，如我们公司，聘请我们对该公司企业主彻查一番。

一周后，我们给你回电。该公司企业主的过往经历很奇葩：他有三次被捕且被定罪的不良记录，案由竟是其曾在当地三家不同的得来速（the drive-thru）快餐店脱得一丝不挂。对于如此伤风败俗的不雅举止，你是否只能"呵呵"一声苦笑呢？鉴于"衣橱坏了，取不了衣服"不可作为警方笔录供词，你还是重新审视你的决定吧！

小题大做过了吗

当然不会！上面这则故事说明：无论你在法律和财务尽职调查方面投入了多少精力、物力、人力和财力，无论你做了多少次公司走访和巡视，无论你有多少次口干舌燥、磨破嘴皮，无论你陪打了多少局高尔夫球，除非案头研究和背景调查双管齐下，不然一个人是不会露出"庐山真面目"

的。如果你即将向其投资的某个人确实可靠,那么通过背景调查查明的信息,就会对此人的可靠性进行二次佐证;但若这个人和你的预期相去甚远,那你需要即刻了然于心,以便所做投资决策合理稳健。

对策:举一反三逐个查

通过审查该企业主居住地和工作地的犯罪记录,我们了解到,该企业主竟然有裸露癖的倾向。一个人在其家乡是"丑角儿",那么他离开家乡就很难不再是"丑角儿"。对于这个人的居住地、工作地和旅游地、出差地,你均须考虑。这名企业主不但在其居住地因当众脱裤而被提起刑事诉讼,而且在另一个州遭到了同样的指控。我们审查犯罪记录和法院记录时,总是多头并进,在多个司法管辖区同时搜索,只要某条信息客观上存在,我们就一定能让其现身。

> **□ 若为犯罪,则必相关**
>
> 如果有投资者认为,一个人只要尽其本职,其业余生活无关痛痒,与某桩交易风马牛不相及,那么就请结合前述案例试想一下,对于你的这一哲学,你的有限合伙人或共同投资人,他们会做何感想。

"哥哥大胆往前走"

对于手握你所投资金的人,你永远无法真正了解。其性格令你颇有好感,自然成了重点。谈伦理道德,论是非成败,标准尺度因人而异。能动用你资金的人,是否达到了你的期望?你需要予以确认。而背景调查,正是此确认过程不可或缺的重要一环。

个人投资、公司并购也好,招聘新人也罢,一番背景彻查,应为你尽职调查的首个环节。基于此,我们建议将以下环节整合其中:

(1)不断深挖信息。如果你在背景调查过程中查到任何民事案底、刑事案底或破产备案,那么你就始终应当对这些案件的提呈文件进行审查。如果任何公司或个人受过任何监管处分,你也应如此处理。通过查阅此类公共记录,你可以发现症结所在,彼情彼景为何有彼言彼行,自会豁然开朗。在一个人遭到不当行径指控时,他是强势奉行梅尔·吉布森(Mel Gibson)式的态度,还是主动配合律师、司法机关和监管机构进行调查?案件最终是如何解决的?诸如此类的问题,其答案或许会令你倍感意外。同独立第三方交谈,确认案件最终的解决结果,此举可确保将来你不会重蹈他人覆辙。如果该履行的步骤全都履行了,就算哪天还是未能避免问题发生,但面对你的董事会、有限合伙人、联合投资人或其他人,你大可问心无愧地对他们说:"我已做尽所有能做的事情。"积极作为,虽错犹荣;无为自保,才是罪加一等。

(2)公司管理层或经理人员访谈。如果你发现某个人涉及任何争议、有损声誉的问题或"群起而攻之"的法律诉讼,或是其个人简历与真实经历不符,那你就应该找他谈谈了。记录下其所说的内容,如果将来哪天发生些什么,你就有据可依,其将有口难辩。此外,通过公共记录,只能看到故事的冰山一角。若你发现某位高管曾遭到证券欺诈诉讼,你不可仅听一面之词,也当听听这位高管本人怎么说。在对所发生之事进行解释时,人们可能会对事态的严重程度有所保留。

(3)联系前雇员。在尽职调查过程中,前雇员的地位举足轻重,但常被忽视和低估。他们知道海量价值信息,可以在你的交易过程中助你一臂之力。

（4）永续监控。背景调查，绝非一劳永逸之事，每隔一两年就必须重做一次，必须密切留意每日资讯推送并关注相关博客内容。你的投资你掌控。单纯因为某个人一开始就达到了你的投资标准，你就认定他会让你如愿以偿，这一想法是错误的。

（5）不妨考虑开通检举热线。开通匿名举报热线，乃轻而易举的事，但投资者对此多无概念。这相当于花了极少的钱买了一份保额很高的预防险，它会为你的员工、供应商及其他人提供一款工具。他们可以通过该工具对欺诈、不道德行为、工作安全隐患、工作场所暴力行径和吸毒等进行匿名举报。此系多赢之举，对内无损于员工、投资者和董事会成员，对外也无悖于监管机构。

Digging for Disclosure | 第 2 章

骗子心态想问题

益则略夸其词,损则避而不谈,这样的人比比皆是。在高中时代的一次橄榄球比赛中,他是担任近端锋,漂亮地为己方球队截传了事关胜负的一球,还是只是当时坐冷板凳的一名替补球员罢了?大学四年,她是优生榜上年年有名,还是仅仅在最平淡的文化课上拿过几次"优秀"而已?

此类问题,看似细枝末节,实则不容小觑。虽然,总体而言,尤其当涉及金钱与投资时,大多数人都是讲诚信的,但总会有少数"缺心眼"的投资者,他们天真地以为天下人都诚信如己。你若不能像骗子般思考问题,你就永远无法识破骗局。

我们先向你简要地介绍一些像骗子一样思考问题的基本方法吧。

行骗得有鬼点子

首先,你脑子里冒出了一个可让人赚得盆满钵满的投资点子。这个点子,并不需要多么高大上,只要听起来很赚钱,就不怕鱼儿不上钩。但有以下三个前提：

- 你聪明绝顶，无人能及。
- 你拥有一种配方、一家银行或一个国家，生钱堪比印钞机，可世人却毫不知晓。
- 你称自己先知先觉，发现市场有个漏洞。而这个漏洞，除你之外，无人察觉。

> **□ 行骗必修课**
>
> 　　让我们先玩个室内小游戏：试对麦道夫、斯坦福、彭日成、庞兹和骗子做一个天性方面的比较，看看此四人可否与骗子对号入座。查尔斯·庞兹（Charles Ponzi）堪称行骗行当的"开山鼻祖"，他在当时的一款不起眼的欧洲邮票上大做文章。其声称，投资这款邮票，可利用国际汇差，在欧洲低买、美国高卖，进行"搬砖"套利，反复赚取差价。美国民众信以为真，蜂拥而入，庞兹因此敛财无数，但他并非"救世主"，不是将钱从汇市"搬"到投资者的腰包，而是从投资者的腰包"搬"到自己的腰包罢了。"黑匣子"投资策略，是一款基于计算机模型和数学算法系统的高频量化交易策略，可有人利用它玩起了刺激的扑克牌游戏——21点，这也是这样一类骗局（对于麦道夫、斯坦福和彭日成精心策划的骗局始末，我们稍后将为你慢慢道来）。

羊毛出在羊身上

　　作为一名骗子，光有鬼点子是不够的，还要舍得掏腰包。既然是骗局，肯定是让它存活得越久越好。为此，你可以从投资者资金池中抽取一小部分来支付他们的回报（如每年 10%～12%）。这笔钱虽然在你的总资金池中所占比例小，但是对投资者而言数额较大。此外，在任何情况下，你都要死活不承认项目有任何风险。为了更快地跑马圈地，你需频繁向投资者支付大额回报。收益奇高，必有人怀疑，对此你可以不予理会。只要你让投资者见到真金白银、实实在在的丰厚收益，他们就会相信这世间还真有"天上掉馅饼"的好事。

巧设迷局高姿态

你始终必须有一位会计师，这是标配。如有可能，尝试找一家小公司，而公司的老板，最好是自己的亲戚或者容易收买的人。

永远别跟他们提投资细节。对于运作原理，你要心中有数。除你之外，无人需要知道。如有客户刨根问底，想探知盈利模式，那就直接让他另谋高就；但若客户想一夜暴富，那就让他立马交钱。

对于客户问这问那，你要一律充耳不闻。对于相关政府表格，有些内容可以不填，你可以直接发回给客户。到目前为止，貌似尚无一人细看表中所填内容。在项目发布会上，如有人向你提问，大都可用"披露信息就会侵犯隐私"或"会令财务机密信息外泄"之类的话去敷衍。对于个人提问，你（骗子身份）大都只需"莞尔一笑"。

不光鲜的过往，诸如警方拘捕、法院审判、定罪定刑、罚金罚款，只字莫提。若你（撒谎者身份）本人不提，没人会问。若有人非要"揭你的伤疤"，你就回答说："政府规章、金融规则，多如牛毛，一不小心就'飞来'文书，根本就不值得大惊小怪。"如果你的前雇员指控你坏事干绝，你只需一再重申："该员工本职工作尚且未能做好，还满腹牢骚，胡言乱语，不可听信。"

切忌对人说长道短、评头论足。你（身为骗子）必须"不忘身份"，格局自要高人一筹：代为他人做投资，零风险、高回报且收益定期兑现。你只管执行你的计划即可，若有投资者对盈利模式心怀忐忑，你也无须"嘘寒问暖"、殷勤解说，沉默是金！业务运行一切正常就是最好的证明。且逢投资者即一番自夸："你瞧瞧，我们为你做的投资，多好多稳呀！这等好事，上哪儿找去？"

如有可能，在相关金融委员会或监管委员会任职的国会议员和参议员参加政治竞选活动期间，向他们豪捐一笔巨款。

你（骗子身份）必须始终身着整洁的衬衫，外系素色领带。同名流要人打打高尔夫，并借机同他们合个影，不失为一大良策。这会让投资者以为，你的工作是在为他们谋利益。身着运动衫，或穿西服不系领带，都会让投资者觉得你闲来无事。切勿身穿泳衣拍照。如果你的生活品位定位高端，那就尽显奢华：劳斯莱斯一辆又一辆；私人游艇一艘接一艘；别墅豪宅，高山上、沙漠里、热带地区，处处都有你的家。你的家业，长盛不衰。购物消费，非世上最好不买，而钱对你来说，永远都是小菜一碟。反之，如果你的生活品位定位低调，人们就会觉得你是一位腼腆的天才，生活优渥但不好张扬，你满门心思，只在想着如何为投资伙伴创造收益。务必借力名人名流、政界要人，抬高自己的身价。你同他们关系如何，无人有胆专门去核实。

逢人就夸投资于你的人何其多。只要有部分投资者悦纳你，其他投资者就会接踵而来。入场者越多，敛的钱就越多，给你拉来的人头也就越多。旅鼠效应由此发生，哪里人潮如涌，投资者就会排成一线涌向哪里。（骗子所从事的行当合法与否，投资者根本不闻不问，三下五除二，别人投，自己也投，这就是我们所说的"跟风投资"。）

再给你最后一点建议：尝试去一个与本国无引渡协议的国度，金盘洗手、快速抽身，那里就是你的栖身之地；若锒铛入狱，刑满释放，那里就是你的释怀之所。

现在，对于这一行当各色骗子和其他不法分子的基本准则，你已了解。在后续各章中，这些知识都将派上用场。

Digging for Disclosure | 第 3 章

小谎言大线索

背景调查能真正发现什么呢？这样的疑问，我们已听过上千遍，我们的回答是：背景调查，无所不能。

通常，做背景调查时，为收集信息，研究步骤复杂，需调用成百上千个公共记录及付费使用的私有信息源。固然，互联网和律商联讯（Lexis Nexis）信息源真实可信，但"鸡蛋不能放在一个篮子里"，你不能只依赖一种信息源。既要知道如何收集信息才行之有效，又要懂得如何解释和剖析实情，才是关键。

简历造假或资质夸大，是我们在研究过程中经常发现的问题。此类现象也不乏公开案例，比如美国曾经信誉最佳的消费电子产品专业零售商——无线电屋公司（RadioShack），因其首席执行官学历造假而蒙羞；麻省理工学院前女院长谎称其拥有 3 个学位，可她其实连 1 个学位都没有；因学历和运动员资格双双造假，圣母大学足球队教练才获聘 5 天，就被迫灰溜溜地辞职；维尔软件首席财务官谎称其取得了斯坦福大学 MBA 学位，谎言穿帮后被迫辞职，悻悻而去。

大"吸血鬼"德雷尔

最近发生的马克·德雷尔（Marc Dreier）学历造假事件，是小欺骗导致大灾难的又一案例。创立其律师事务所——德雷尔有限合伙（Dreier LLP）之前，德雷尔是耶鲁大学的本科生，他取得了哈佛大学的法学学位，并曾供职于多家顶级律师事务所。其律师事务所地处纽约市中心区地段曼哈顿公园大道，他的客户非富即贵，不是社会名流，就是企业高管。凭借这一得天独厚的人脉网，德雷尔向其客户提供独家期票买入期权，但这些期票无一张是真的，"别致极了"。德雷尔向其客户兜售这些期票，窃得投资者资金累计逾3.8亿美元。2008年，德雷尔被捕，并被指控犯有多项诈骗罪名。2009年1月，他被指控图谋实施证券欺诈和违反美国证券交易委员会规则等罪行。依据美国《破产法》第11章规定，其律师事务所被强行做了破产保护备案，而其本人也仍在狱中服刑。

现在我们知道，采用这种律师事务所经营方式的，除了德雷尔，这世上再无第二人：他是其律师事务所唯一股权合伙人，也是唯一知晓其律师事务所处理的每个案子的所有细节的人，更是其律师事务所唯一的财务掌管人。据报道，德雷尔曾向其员工称，他选择了这种实质上是独裁的律师事务所的经营方式，只是为了让他们能专注法务、不致分心。

同时，我们还发现，德雷尔在其律师事务所网站和其他网页上贴出了其公司简史，称其为亚利桑那州律师协会的入会会员。而经查，亚利桑那州律师协会并无马克·德雷尔的会员记录。和美国其他许多州一样，亚利桑那州也有一个在线数据库，只要是注册律师，就可于该库中搜索到，而当我们在该库中搜索"马克·德雷尔"时，却显示查无此人。

案情：投行大咖瘾君子

以下实例，取自我们的自有案例。通过此例，你就会明白为何背景调查是投资过程中的硬性环节。

一个人们原以为堪称投行大咖的人——克里斯·斯皮德（Chris Speed），在供职于某家头部银行（a big-name bank）时，谈成了多桩备受瞩目的交易。一家私募股权公司见斯皮德奔忙于公司并购，迫切希望将其挖至自家门下。这家私募股权公司和斯皮德见了面，向他提供了价值 6 000 美元的全套高档浴帘产品，在致电我们要求对他进行调查前，准备将其大名印在信笺上。我们仅用了 3 天时间，就了解到：斯皮德是个瘾君子，为了让自己交易全程都能保持清醒，他除了依赖咖啡，更使用了其他提神之物——可卡因（甚至成瘾）。法院文件还显示，他竟然还有恋童癖。我们的客户听毕，大失所望，自己心目中的投行大咖，原来不过是个变态小人罢了。

对策：文件或藏龌龊事

斯皮德的毒瘾和性瘾，是我们通过法院文件查明的。奇葩的是，他虽为瘾君子，但是保住了稳定的工作，并且无犯罪记录。不可否认，斯皮德从未曾因吸毒或其他任何罪名而被捕。为了弄清斯皮德曾经是否涉及任何法律诉讼，我们审查了其民事犯罪记录，找到了一桩案件——斯皮德曾遭其家人起诉。通常，家庭成员内部官司，不是房产争夺纠纷，就是保险理赔争议。当查阅这桩案件的所有备案文件（此类文件公众均可查阅）时，我们发现，斯皮德在其证词中对自己的可卡因毒瘾和恋童癖性瘾供认不讳。弄清一个人曾涉官司与否，只是背景调查的第一步。通过对这些诉讼案件的备案文件进行审查所能获得的信息量，将远超你的想象。

案情：首席财务官自作盗

斯丹皮特股份有限公司（Stumped, Inc.）一案，系一桩投资组合公司欺诈案。该公司是一家计算机硬件公司，在一次突如其来的审计中，董事会突然发现，公司数百万美元不翼而飞。于是，董事会迅速召首席财务官霍华德·蒂帕特（Howard Deepart）开会。蒂帕特已为公司工作了一年左右。会议中途，他借口抽支烟，离席会议，此去竟消失得无影无踪，再也未回公司。

董事会惊慌失措，致电我们，请我们代其追查这笔资金与蒂帕特的去向。找到蒂帕特耗时数月之久，但我们很快就查明了这笔资金的下落。我们寻遍了会计分类账、日报、杂志和大量公共记录信息源，经查发现，蒂帕特自立门户，成立了一家公司。公司名称为"斯丹皮特有限责任公司"，与其法定雇主的公司名称"斯丹皮特股份有限公司"差别甚微。

我们开始对蒂帕特的骗局进行"拼图"：在斯丹皮特股份有限公司，蒂帕特每购买100台电脑，就会退回50台。所退50台电脑的退款支票一送来，他就会擅自拿走，存入其户名为"斯丹皮特有限责任公司"的个人银行账户中。因业务性质使然，斯丹皮特股份有限公司的电脑营业额非常大，如此一来，对审计师来说，除非将手中其他工作都放下，要限期完成库存对账，简直"难于上青天"。因此，对于库存盘点环节，审计师直接跳过。这一漏洞，为蒂帕特实施欺诈留下了可乘之机。

接下来，你一定会问：那他又是如何读取到邮件从而于第一时间截获退款支票的呢？蒂帕特入职前，根据公司的内部邮件政策，邮箱只有办公室经理才有权限打开。可是，蒂帕特入职后，对该政策做了修订。于是，公司邮件只有首席财务官本人才有权限打开。他辩称，此举只是为了对公司邮箱的每日收件量做到心中有数。

蒂帕特曾料想，无论是往来银行，还是公司内部，谁都察觉不出他动了这一手脚。诚然，在相当长的一段时间里，其账务造假确实没有穿帮。我们确定银行账户户名之后，就立即将相关信息呈报给美国联邦调查局。美国联邦调查局随后冻结了蒂帕特的银行账户，且自接到报案之日起，就一直在搜捕蒂帕特。

斯丹皮特股份有限公司就此损失数百万美元。不过事出有因，要是公司当初制定了银行支票和账户余额相关政策，这一灾难就不会发生。公司内部监管存有盲区，于是蒂帕特乘虚而入，伺机作案。

在研究蒂帕特一案的过程中，以及在为方便斯丹皮特股份有限公司申请雇员忠诚险理赔而为其编制报告时，我们为公司董事会发现了此人坚决不可聘用的众多理由。

蒂帕特获公司录用之前，已向董事会提供了三位推荐人的姓名，而董事会从未向这三位推荐人电询蒂帕特的情况。当我们试图联系这三位推荐人时，我们查明：其中一位推荐人于蒂帕特入职之前就已亡故多年；另一位推荐人姓名纯系虚构，查无此人；最后一位推荐人，虽然联系上了，但是他因蒂帕特把他作为推荐人而颇感震惊，称其对蒂帕特从无好感，也从不信任。

另外，蒂帕特简历中的学历显示是本科，但是经查，我们得知他并未取得该学历；他简历中还显示其持注册会计师证，可是经查，我们确定这又是胡编乱造的。董事会在录用蒂帕特之前，要获得这类信息，可谓是易如反掌的事情，然而，公司已然损失惨重，方知教训，代价惨重。

对策：公司记录广泛搜

对于公司记录，我们可以通过律商联讯及其他数据源查到。通过审查公司记录，我们发现，时有公司不同而公司名称相近的情况。美国部分州向公众开放了公司记录数据库搜索功能，但是，你只能查到那些曾于这些州备案的公司的记录。特拉华州和新泽西州未对外开放公司文件搜索功能。如此一来，在这两个州，你就需要分别做公司记录研究。不过，这两个州都有网站，你可以在网站上搜索在这两个州注册的公司的记录。

> ☐ **搜寻信息源**
>
> 　　肯尼思记录：1985年，我还在美国联邦调查局任职，那时我和另一名特工负责向律商联讯推荐美国联邦调查局。在纽约警察局一名侦探的协助下，我联合美国特勤局和纽约警察局，成立了金融犯罪重案组。这两项新举措，都并非心血来潮，而是深知案件要得到侦破，信息就要多多益善。重案组系强强联手之产物。当下，无论是在打击金融犯罪方面，还是在增强政府机构应对此类问题的能力方面，重案组的参与，都不可或缺。当然，美国联邦调查局虽是一家多科层政府机构，但由于每位特工对其各自负责的案件都有相当大的自由度，美国联邦调查局准许其特工富有开创精神。正是美国联邦调查局的这一风格，才容许我对其有此类"锦上添花"之举。
>
> 　　我离开美国联邦调查局后，进入了私营部门。在企业决策服务股份有限公司，我一如既往，与时俱进，依然保持着了解美国国内外最新信息的习惯。要始终掌握最新技术和数据源，以确保所获信息为最新信息，这样才有助于我们客源不断、门庭若市。若你自行研究，切记信息源不可单一，需广泛撒网，不放过任何信息源。

　　为查明蒂帕特是否为持证注册会计师，我们联系了蒂帕特曾经居住过和工作过的各州的会计师委员会。美国许多州都允许你通过在线搜索来确认某个人是否为持证注册会计师。而在美国其他未开放在线搜索功能的州，只需一个电话，就能确认相关信息。

为了确认学历证书的真假，全美的高校大都让第三方——美国全国学生信息中心来管理其学生记录并处理其学历核实请求。通过美国全国学生信息中心官网（www.studentclearinghouse.org），可查学生的考勤情况和学位信息。有些学校（如哈佛）的学生记录，并未上传该网站。在此种情况下，要核实某个人的学历证书，你就必须直接和校方学历登记员联系。

"货物出门，概不负责"的时代，已成为"过去式"。每桩商业交易，所涉风险都很高，所以信息搜集与分析成了公司无须多言的硬性要求。投资者、董事会成员、员工、投资银行家、投资顾问及招聘人员都很清楚，做好尽职调查，人人责无旁贷。背景调查是收集与汇总个人或公司信息的最可靠途径。通过背景调查，你可以查明一个人：居住地和工作地在哪里，有着何种商业利益，涉民事诉讼、刑事案件或破产备案的次数，是否存在监管违规，是否曾为任何争议性或丑闻性事件的主角，是否念过本科或研究生（是否有过学历造假）以及其他诸多信息。实质上，通过背景调查，你就会明白，要了解一个人，需要知道哪些信息。一个人，如若连学历都造假（如前述蒂帕特一案），那么就难保其专业资质和工作经历不造假。有时，你收集到的信息可以对你业已知悉的信息进行二次确认，但也有些时候，通过背景调查查明了真相，可以把你从悬崖边上拉回来，不致将来问题缠身。

第 4 章

欺诈捏造各参半

你我皆非千里眼，但你我都知道一点，那就是：江山易改，本性难移，我们可以根据一个人的过往表现，来推知其未来会有何种做法。这听起来容易，做起来难。了解一个人的过往，你会收获有用线索。我们在背景调查的过程中，发现了形形色色的角色：首席财务官岗位的竞聘者曾进行了个人破产保护备案；企业主假公济私、逃避责任、回避公众；首席执行官罔顾美国证券交易委员会此前对其所做制裁以及不得担任上市公司董事或高管的禁令，照样试图进行首次公开募股。此类情形会造成一些固有问题。而此类问题常可借助额外调查手段予以解决，或是通过大量信息源来澄清予以解决。不过，有时此类问题并不显著。

案情：找准症结下对药

一家陷入困境的投资公司，向美国西海岸一家投资组合公司投了数百万美元，希望本次资金注入能推动企业成长，并为首席执行官吉姆·斯尼克斯（Jim Sneaks）提供拓宽市场所需的工具。

书面达成交易数月后，公司首席财务官惊慌失色，急忙致电董事会成员。首席财务官刚一打开公司分类账，就看见斯尼克斯在账本中留了一张字条，赫然写着"欠条25 000美元"。首席财务官称，斯尼克斯过去数月的差旅费及其他开支，总计已达数千美元，但并未提供报销所需的相应收据。首席财务官说，现在办公室里已很难见到斯尼克斯的身影，所以他开始思忖此事。这家投资公司的投资者闻之色变，聘请我们为他们查明斯尼克斯身上究竟发生了什么事。

我们建议先对斯尼克斯做背景调查，以便大致了解其人，投资者们同意了。我们希望能通过背景调查获取一些相关信息：他近期在哪里度过？他将公司的钱花在了何处？毫无疑问，后者才是重点。在分析房产记录和公司记录的过程中，我们发现，斯尼克斯打包买入了某处空置楼盘地皮，并成立了一家房地产开发公司。

我们研究了斯尼克斯的法院记录，包括对其居住地和工作地的民事案件、刑事案件、破产备案、法院判决和留置权进行审查，发现2010年法院已对其做出数项判决和施工留置权⊖。而对于这些判决中的被判应偿还金额，斯尼克斯至今都仍然分文未付。这些公共记录文件表明：斯尼克斯花钱如流水，但入不敷出；其不务正业，领着公司的高薪，不好好为公司效力，将其时间和精力都用到了别处。此行为可构成盗窃劳务罪。

我们派出了一位美国联邦调查局前同事驾车经过斯尼克斯的居所。其车道上，停有一辆皮卡车，车的侧身印有其开发公司名称。我们随后来到此前所发现的其所购空置地块，发现他正在这些地块上开发住宅楼盘。

这位美国联邦调查局前同事对斯尼克斯进行了跟踪，试图确定他究竟在干什么。通过监视，这位前同事发现，斯尼克斯每天下午都在建筑工地上，对其拥有的某处地块上一个草率开发的地产项目进行监督。原因已查

⊖ 施工留置权，一般针对房产或建筑物提出，在就为所提供服务支付之前，此类房产或建筑物将作为担保，施工留置权多在承包商或分包商谋求获付劳务及（或）材料费用时用到。

明，这是因为其开发项目进展不顺，项目才进展到一半，资金链就已断裂。斯尼克斯情非得已，解雇了项目经理，亲自"披挂上阵"，担任项目经理一角。

> **法院记录搜索导航**
>
> 法院记录可按县进行搜索。你在开始搜索法院记录之前，必须先知道调查对象的居住地和工作地所在城市对应的县名。譬如，纽约市位于纽约州纽约县，康涅狄格州格林威治市位于康涅狄格州费尔菲尔德县，依此类推。BRB发布（https://www.brbpublications.com）是一家很好用的网站，你在该网站上输入美国的任何大城市、小城镇或村庄进行快搜，哪些县可以搜索法院记录就会一目了然。如有其他可用网站，该网站还会自动为你跳转至这些法院的官网或民事记录库网站。美国每个州的每个县，都有各自不同的系统，系统中存有民事案件记录、刑事案件记录、法院判决和留置权。

斯尼克斯不但不继续专心当好公司首席执行官，相反，他玩起了杂耍，同时担任起开发商、投资人和项目经理多个角色。而对于其绩效表现，我们实在不敢恭维。我们将这一调查结果向客户做了反馈，他们采取了圆融走近斯尼克斯的策略：借钱给他，以让其施工项目得以顺利竣工；好言相劝，让其继续专心履职首席执行官。客户此举，至今都未曾出过任何纰漏：斯尼克斯收回心思，重归正业，再度专注为公司效力，公司由此重回正轨，继续屡创辉煌。

对策：得饶人处且饶人

通过审查斯尼克斯的房产记录，我们发现其已然分心。房产记录，有时还包括按揭记录，可通过律商联讯、万法（Westlaw）等信息源查询。由于此类记录可能并非总是最新信息，你可随时电询当地估税员，查明某处地块的拥有人是谁、该地块面积多少以及是否对该地块实施了改善工程。

假定你已做投资前背景调查（就权当是取悦我们这些专业调查员吧），斯尼克斯的案子表明，隔三岔五，重做调查，颇有必要。在我们的客户借钱给斯尼克斯助其渡过难关之前，其或许已然是一位完美履职的首席执行官，但因重金砸入个人资金、所做投资悉数被套，致其五心不定、六神无主，方才屡屡旷工，对雇主公司有失忠诚。可以让你敏锐地获悉你所投资之人身上所发生事情的另一种方法，就是每隔一两年对其做一次背景调查。时过境迁，人皆有变。你需知道：你的首席执行官、对冲基金经理或借款人，近期是否遭投资者起诉，是否因酒驾而被交警拦停路边，是否配偶向其提出离婚，是否成立了一家与你有利益冲突的有限责任公司或其他任何形式的实体。

并非所有利益冲突的情形都能握手言和、圆满收局，斯尼克斯纯属幸运，他只是个特例。

案情：天之骄子沦落人

一位私人投资者拟重仓投资某对冲基金，于是聘请我们对该对冲基金经理做调查。已有数位商业伙伴向我们这位客户推荐对冲基金经理亨利·阿罗甘特（Henry Arrowgant）。于是我们开始研究阿罗甘特，确认其系康奈尔大学学士、哈佛大学工商管理硕士暨法律博士。我们了解到，他先在纽约市从事过几年法务工作，而后携妻带子，搬至马萨诸塞州，在那里，他开始涉足金融业。阿罗甘特先供职于波士顿某家小型投行，其后供职于一家私募股权公司，但他决定辞职单干。他设立了自己的基金，开业后头两年，他为自己和客户都带来了双双喜人的回报。

其过往职业履历方面，似乎也显示出其职业生涯一路顺风顺水。但是，当我们对阿罗甘特做了实地法院记录研究（因为线上无法院记录可查）之后，方才查明事实并非如此。他曾多次被认定违规酒驾；更滑稽的是，他与妻子长期不和，二人分居。

一天早晨，阿罗甘特夫妇吵得不可开交，警察来到了他们家。阿罗甘特的妻子向警察透露称，阿罗甘特虐待她，并威胁要将她剁成肉酱（这并非危言耸听，他确实威胁要这么干）。阿罗甘特夫人曾前往警局申请对阿罗甘特发布限制令，而警察劝此夫妻二人冷静克制，并彼此分开一段时间。

阿罗甘特左右都有警员看护。5个小时后，警官们回到了警局。看样子，大概是要让阿罗甘特重录口供，此前在其富丽堂皇的豪宅里所录供词，纯属胡诌。阿罗甘特语无伦次，八九不离十，他隐瞒了实情。那天，阿罗甘特见到了之前去他家的那两位警官，于是开始朝他们吆喝嚷嚷，要求马上开车送他回去。这两位警官提醒他说，这是根据限制令做出的限制。他们靠近阿罗甘特，发现其大麻中毒。他的兜里揣满了美国《滥用物质管理法》附表四中所列的处方药。而对于这些药物，他并未取得医生所开处方，警察于是将其逮捕。

无论是谁，在其个人生活中，因夫妻二人日子实在过不下去而离婚，或是出现人生低谷，我们的客户都会觉得情有可原。让我们的客户无法原谅的是：作为全球第一名校哈佛大学的一名法学博士高才生，阿罗甘特当属天之骄子，可他竟会因肆无忌惮和十恶不赦而被带进警局。最终，我们这位客户为其投资资金另寻了更稳健、安全的去处。

对策：彻查案底不懈怠

在发掘阿罗甘特有关信息的过程中，一个至关重要的环节，就是审查法院文件。对于法院文件，公众都可取得，其他章节已提到这一点。只要这些记录未被删除或封存（美国部分州会限制公众审查离婚记录），你就可以前往法院，对任何在案民事案件、刑事案件或破产案件中的现有法院文件进行审查。万法是审查法院记录的另一个好去处。万法是律商联讯的竞争对手，它汇集了全美范围内各司法管辖区的海量案件信息，并且对于诸如备案表和诉状之类的案卷，我们在万法网站上通常立马可查。

> **□ 破产备案**
>
> 　　破产申请，仅可向联邦法院备案；破产申请备案文件，可通过法院电子记录公共入口（https://www.PACER.gov）进行搜索。通过该入口，你可以搜索到联邦法院备案的所有民事案件、刑事案件、破产案件和申诉案件。

　　通过审查法院文件，你可以了解到被告受到的各项指控及案件裁决结果。此外，考虑到部分人在法律诉讼过程中易自我粉饰，因此，案件中提出的索赔，是太过苛刻还是过于轻浮，阅读法院文件，一看便知。在一桩案件中，一个人最终认罪的指控，定与其最初所受指控有别；其所受指控罪名，往往因辩诉交易而有所减轻，因此，为了解完整案由，审查整个案件的档案，就显得极为重要。同时，一个人在诉讼过程中的行为方式，法院文件也会记录。尽管此举或许多此一举，但一个人对问题的处理与回应方式，与案件自身性质同等重要。

　　阿罗甘特身陷窘境，就是经审查其刑事犯罪记录查明的。刑事犯罪记录，可按县名或城镇名在美国各州法院搜索到。在美国部分州，还可搜到州内所有刑事犯罪记录，以便查明某个人在某州各县曾遭刑事诉讼与否。在阿罗甘特一案中，案件细节为我们和我们的客户提供了有关其角色性格的所需信息。

Digging for Disclosure | 第 5 章

开口问问有答案

众所周知，无论什么故事，都不止一面。许多调查所得信息，尚未达到可直接通过公共记录文件就足以将案件解释清楚的地步。在此种情况下，我们就需进一步做更多澄清工作，可动用各种信息源来予以澄清，且大多数时候只需联系相关个人就能得到澄清。推荐人、前商业伙伴、供应商、客户、监管机构、双方律师、前司法官员甚至（在确保无虞的前提下）调查对象本人，皆可成为我们的交谈对象。虽然你可亲自对调查对象做访谈，但是由我们这类专业人士出面对其访谈，并作为公正的独立第三方来记录某个人对故事所做出的解释，往往会更有益。同时，访谈也是合同协议中"陈述与保证"条款下的常见内容。

人员访谈是我们工作中至为重要的一环。公共领域无法获取的信息，通过访谈，却可顺藤摸瓜、牵引而出。身为美国联邦调查局前特工暨情报专家，本人（肯尼思）可以拍着胸脯告诉你：通过受访者的步态行姿和行为举止侧面获取的信息，其价值并不亚于受访者的口述信息。效力于美国联邦调查局期间，我访谈过的人，无论有罪无罪，累计达成千上万。同我在美国联邦调查局时的做法相类似，你须留意：当受访者被问及特定问题时，其眼睛往哪里看；哪些问题是在刻意规避、哪些话语是发自肺腑的；尝试确定其是否紧张不安、自高自大或不屑一顾。所有这些人格特点，均将有助于为你勾勒出一幅业务对手的全面画像。在美国联邦调查局也好，在私营部门也罢，我们做访谈时，始终颇重策略，全程专业进行。在企业决策服务股份有限公司，为获取尽量多的信息，我们会动用大量策略。不过请放心，严刑逼供，绝非我们的套路。（对于访谈中如何将获取信息最大化的详细方法，详见第 9 章。）

案情：清者自清"家暴男"

一只母基金想投资美国西南部的一只中型对冲基金，于是聘请我们对这只中型基金的首席对冲基金经理史蒂文·弗里恩克利尔（Steven Freenclear）做背景调查。同其他任何背景调查一样，我们对弗里恩克利尔居住地和工作地所在的县和州的法院记录进行了审查。我们发现：他已离婚 6 年；离婚时，还因袭妻而被捕。法院文件中的细节含糊不清，对此，客户必须定夺：是继续投资弗里恩克利尔，还是为资金另寻"婆家"。

董事会成员和投资委员会成员齐聚一堂，对当下情形展开讨论。全体与会人员了解情况后，决定采取民主方式，通过投票来做出决策：公司一半高管想打退堂鼓，主张直接退出本桩交易，而另一半高管却称，已真金白银砸进去不少钱，不愿半途而废。更有一名董事会成员谴称："'人生如白驹过隙'，哪有闲工夫去助力一名家暴男！"由于赞成和反对各半，投票结果未见分晓，于是我们提议：找弗里恩克利尔谈谈，听听他本人对袭妻事件怎么说，以确定其"家暴男"身份是真是假。

和我们其他许多客户的做法一样，这只母基金的相关负责人开门见山地告诉弗里恩克利尔，企业决策服务股份有限公司需对其做个访谈，以澄清尽职调查中的一些未决疑问。此类访谈，一是可在时间方面为客户起到缓冲作用，二是我们会问受访者一些敏感问题，而客户显然不好亲自开口直接问其本人。因此，访谈一贯是我们的一种理想手段。

于是，我们对弗里恩克利尔做了访谈。请放心，我们不会直截了当地问："你还经常打你老婆吗？"与之相反，我们会问他的职业履历以及曾涉任何民事诉讼与否。弗里恩克利尔立即"自曝"其涉一桩"丑恶"离婚诉讼案。我们让他细细道来。

弗里恩克利尔解释道：有一天晚上，他和妻子吵架。他抓起了钥匙，准备离开。而他妻子挡在他正前方，拦住去路。他将妻子推开，走出门去。他说，其自知此举有失妥当，但他发誓，这绝对不足以构成袭妻罪，只是当时两人都刚好在气头上罢了。根据弗里恩克利尔的陈述，在他走出家门几个小时后，其妻就前往警局，对他提出了袭妻指控。当晚晚些时候，他一回家就被捕了。我们问他，何以确认其所说属实，于是他让我们电询其前妻。

我们同他前妻通了话，她的陈述与弗里恩克利尔所述相吻合。她解释道：事发当晚，她的律师给她打来了电话，讨论行将出席的听证会事宜。而就在那时，她把当晚早前同弗里恩克利尔吵架的事一五一十地告诉了她的律师。随后，她的律师建议其指控其丈夫袭妻，趁火打劫，以便离婚后能从弗里恩克利尔那里得到更多生活费。她也一再重申，弗里恩克利尔实际上并未袭击她。弗里恩克利尔的前妻甚至还告诉了我们其律师的姓名，并建议我们电询这位律师进行核实，但是和这位律师通话，就不再像和其他人通话那样顺畅了。

这位律师拒不作答。她力图强势驳回我们向其致电的理由，并称其有权不回答我们的提问。我们告诉她：我们向其致电，已获其客户准许；我们有理由认为，她是在故意隐瞒实情。我们还威胁这位律师称，我们会联系相关律师协会并检举她。她这才乖乖地回答："好的，好的，我说！不过我想问问，本次通话，你会录音吗？"我们回答说："不会的！"于是，这位律师基本承认,她为其客户(弗里恩克利尔的前妻)提供的法律建议,案由并不充分。她证实弗里恩克利尔前妻所说属实。她还告诉我们称,其已提呈文件,申请将弗里恩克利尔的被捕记录删除。

对策:张口勤问有收获

有时候,你不问不行。在弗里恩克利尔一案中,问对问题,挽救了一桩行将告吹的交易,我们的客户为此激动不已。我们并未单纯依赖离婚备案文件而妄下定论,而是抽丝剥茧,层层揭开真相,为客户做出了最正确的决定——民事案件或刑事案件中的指控,不可尽信。你需了解更多信息,方可还原真相。

我们对对冲基金经理及其他人做背景调查时,会在访谈过程中着重问一系列我们认为会影响到你投资成败的问题。我们会问此类基金经理,其是否完全归属于某只基金。如其对某只基金信心在握,则其定会亲自带头买入这只基金。如果基金经理四处物色投资者,而其本人并未投钱,则其往往不是好兆头。

另一个常被忽视的问题,就是健康问题。你必须知道:一家投资组合公司的基金经理或首席执行官的健康状况是否良好、是否完全有能力履职。我们做访谈时,会旁敲侧击地提及个人健康话题,并且对于受访者在访谈期间的一切陈述,我们都会记录。当然,我们不会问一个人"多久洗一次牙"或"去年冬天可曾感冒"之类的无聊问题。我们关切的是这个人是否存有任何会妨碍其正常履职的健康问题。对于健康问题,另一种应对方式就是,确定某个人是否现在有(或将来会有)公司为其投保的"关键人物"险保单。关键人物保险单是一种公司为其某位特定高管或员工投保的保险单。

> **□ 注意准确性**
>
> 肯尼思记录：我在美国联邦调查局担任特工多年，最重要的心得之一就是：所有调查，一律皆须透彻入里、细致入微、准确、客观。我们搜集到的信息，可能会被用作法庭证据，因此，我认识到准确是对调查员提出的毫无商量余地的硬性要求。我们编制的调查文件，无论是用于刑事案件庭审，还是现在用以协助客户做出投资决策、聘任董事会成员或为解决争议获得杠杆筹码，所用信息都务必准确。实事求是，乃背景调查的内在要求。

案情：宝妈履历，宝贝证实

一位母基金客户拟向一位对冲基金女经理投资，于是聘请我们对这位女经理做背景调查。在研究过程中，我们找到了一些媒体文章和网络帖子，称这位女经理从上家公司离职系因"健康问题"。有些信息源甚至称，该基金经理"身体欠佳"。然而，这么多家媒体信息源，无一家报道该基金经理的健康问题的具体细节。我们细审其履历时才知道，她已赋闲在家两年有余。由于担心此类健康问题会影响其于基金公司成功履职的能力，我们问客户是否了解该基金经理有任何健康问题。我们这位母基金客户，对这位女基金经理的健康状况甚至其有长达两年的职业空档期都一无所知。于是，经客户同意，我们开始找这位女基金经理交谈。其解释称，她在一家投行工作时，已身怀六甲，于是休假待产。她还有说有笑地对我们坦言称：此次"休假"，持续长达一年半，这的确远超其预期。可实际上，淡出金融界的这段时间，她只是在家当全职宝妈而已，因此，各类媒体文章和网络帖子报道失实，引发了外界不必要的担忧。我们对客户关切的问题做了深究，令其真相大白。我们客户心中的石头终于落地了,确认该女基金经理并无隐忧,而且,时至今日,我们的这位客户在她的对冲基金的投资,一直都很成功。

对策:亲友同事遍问之

同调查对象交谈,只是获取相关信息的方式之一。我们经常会找公司前雇员,他们对我们而言也功不可没,无形之中充当了我们"线人"的角色。进行背景调查时,客户会例行联系某个人提供的推荐人,以确认其工作履历的真假,并聆听推荐人对其所做的评价。众所周知,求职者往往会填自己的好友为推荐人。将一个甚至都懒得帮自己美言几句的人填作推荐人,鲜有发生。这么做,究竟为何?有时候,求职者提供了推荐人姓名,可并不希望招聘方联系这些人。还记得第3章中霍华德·蒂帕特的案例吗?他所填推荐人,甚至是凭空虚构出来的。所以,我们设计了自己的研究流程,以物色到那些曾与调查对象共事过的人。为达成这一目标,我们会审查法律诉讼案件,对成千上万的媒体文章、网页、博客及诸如Facebook之类的社交网站的内容进行梳理。同时,我们也对自己的内部专属数据库和行业信息源黄页做筛选。我们会物色调查对象简历推荐人名单上并未出现而又确实曾和他在同一家公司(或同一个部门)共事过的人。此类前同事提供的信息,往往比推荐人提供的信息更为客观公正。对此类前同事做访谈,会将直接关系到调查对象的职业风度和个人声誉的详尽个人信息"刨"出来。通过这类访谈,我们同时获得了关于这个人的正、负两面信息,而这些信息是无法通过背景调查以其他方式取得的,或是无法仅凭通过联系推荐人就能得到的。推荐人形形色色——被指控滥用药物的、滥用权力的、滥施淫威的、自诩沟通能力或团队管理能力超强的……各色人都有。

> **□ 吹嘘，是一种权利**
>
> 人们大都喜欢吹嘘。通过显示自我报告信息的网站，不仅可以很好地跟进你朋友的下落，而且还是对你的投资对象、借款人或应聘人信息进行识别的又一种方法。在诸如 LinkedIn 和 Facebook 之类的网站上，一个人的工作履历和教育背景都能看到。网站上的注册用户，也希望别人看到自己的信息（当然，Facebook 和其他某些社交网站上，账户的主人可通过隐私过滤设置来对你加以限制）。我们经常发现：此类网站上的个人用户，有些会对其工作经历和教育背景造假或是隐去有损自己形象的信息。我们利用这类网站来对自己开发出的关于某个人的信息和网站上这个人向其网络社区发布的信息进行比较。

当投资者想了解更多关于某家公司的信息时，或者当陷入困境的投资者拟购买一家未陷入破产的公司时，找到前雇员，会对他们大有益处。通过一个与我们用来寻找前同事的流程相类似的流程，即找到法律诉讼案件的对方、到目标媒体上搜索，审查博客和聊天室、商业报告以及其他信息源，我们会找到某家特定公司的前雇员，并联系他们，以了解其离职原因和公司管理团队相关的任何信息。当一桩交易脱离正轨时，前雇员可为你提供至关重要的信息，对于这一点，我们将于后续章节中探讨。

当你收购某家公司时，我们始终建议，联系美国公平就业机会委员会（the Equal Employment Opportunity Commission，EEOC），以弄清这家公司或其任何负责人是否曾遭到任何指控。公平就业机会委员会是一家监管机构，其职能是执行平等就业原则、监视企业歧视问题，包括种族歧视、年龄歧视、性别歧视等。一般而言，第三方无法从公平就业机会委员会取得信息，但若你拟投资或收购一家公司，你或你的顾问就能取得此类信息。

通过深入了解一家公司的运营模式及其内部文化，投资者可获得有助于其预测这家公司未来成败的信息。

案情：离职潮背后的那些龌龊事

一位投资者聘请我们对朗庞股份有限公司（Rampant, Inc.）做背景调查并为其搜集商业情报。该公司是一家服务公司，在全美各地都设有分公司。这位投资者听说，朗庞公司将大规模扩容，于是，他希望对其做一次大手笔投资，以坐享公司未来扩容后带来的红利。

作为我们的研究环节之一，我们找到了25个人，我们已确定，他们是近8个月内从朗庞离职的员工。通过对这些前雇员进行初步研究，我们发现，他们中已有20人在朗庞的竞争对手公司找到了工作。由于这似乎绝非仅仅是巧合，我们向这位投资者客户提交了这一信息。他决定听取我们的建议，并让我们联系这些前雇员，以查明朗庞究竟发生了什么。

我们的第一轮访谈，是对6名朗庞前女员工展开的。她们当中，无一人愿意透露其离职原委，似乎全都对其前雇主心存戒备，言行神色古怪离奇。终于，她们中有一位打破了沉寂。她解释称，根据她和公司所订协议约定，她不便向我们透露实情，不过，她建议我们找另一名朗庞前雇员琼·利德（Joan Leader）交谈。当我们联系上利德时，她顿时火冒三丈，气不打一处来。利德向我们透露称：朗庞由一帮厌恶女性的性别歧视者管理运营，他们不是对女雇员进行性骚扰，就是故意不给她们晋职。利德说，朗庞胁迫另一名从朗庞离职的女员工签订了一份协议，根据协议约定，她离职后，不得向他人透露其离职原委，但利德告诉我们称，她拒签这份协议，愤愤而去，她的语气里充满了自豪。

朗庞员工离职时，公司不会为他们提供离职补偿金。

对于利德所述内容,我们务须严肃对待。不过,与此同时,我们也必须考虑到另一种可能,那就是:利德可能动机不纯,她说这些话,或是在诽谤朗庞的管理层。于是,我们继续致电朗庞的其余前雇员。和我们交谈过的朗庞前雇员越来越多,我们听到的关于公司里大面积发生性骚扰的信息,也就越来越多。这些前雇员,无论男女,都向我们倾诉了他们在朗庞的那些不悦经历。正是这些经历,引发了朗庞优质员工接二连三的离职潮。朗庞一名前男员工称,自己已达到"忍无可忍,无须再忍"的境况:每次开会,首席执行官都会不断地、恬不知耻地向一名女下属求欢,她只有愿意牺牲色相,才有提拔的机会。

尽管这些前雇员都从未对朗庞提起任何法律诉讼,但还是有几名前女员工称,她们已向美国公平就业机会委员会或朗庞人力资源部递交了投诉函;也有其他前女员工称,她们嫌麻烦、怕尴尬、丑事不想外扬,也不想因为起诉朗庞而花钱。

我们把这些信息提交给了这位客户,他顿时大惊失色。这位投资者很清楚,要是某一天一名前雇员最终还是向公司提起严重性骚扰诉讼时,届时他并不想站在公司一边,于是,他选择了放弃向朗庞投资。对他来说,潜在的回报再高,也无法盖过尴尬风险和投资风险。

对策:前雇员们是至宝

通过前面的案例,想必你已明白,同调查对象、前雇员及其他相关方交谈,收获颇多。在使棘手问题和敏感问题得到澄清方面,这种方法起到了举足轻重的作用。有时,我们的调查会进入访谈环节。通过访谈所获信息,会对调查对象所做陈述提出质疑。如在弗里恩克利尔一案中,通过这类访谈,可弄清谁在撒谎、谁说了实话以及事情的真相。

其实，我们手中所拥有的那些能真正令我们将客户从窘境中拯救出来的最宝贵资源，并非其他，唯人而已；可这些人的价值和作用，遭到了严重低估。这些人，无论是前雇员、现职员工，还是前商业伙伴，往往都了解一些通过公共记录文件查不到的信息。同这类"线人"接触，你的研究工作做起来会更得心应手，且通常会正面证实你已经知道的信息的真实性，或是反面证实你之前所做假设的错误性。同人交谈，效用极佳，它往往会为你脱离左右为难的窘境指明方向。交谈的力量，切勿低估！

案情：丑恶负面拆穿之

一家私募股权公司，聘请我们对加利福尼亚州的一家造纸厂的三名负责人做背景调查。这家公司告诉我们：在这三名负责人中，有两名是交往多年的朋友；而另一名是公司新人，但其颇有口碑，他的名字叫安德鲁·沙迪（Andrew Shady）。于是，我们开始展开研究，确认了两名"老"高管的一切所需信息：彻查两人的学历证书和专业资格证书，发现两人均无法院记录（民事案件或刑事案件、破产备案、法院判决或留置权），也未发现关于此二人引发争议的媒体文章或监管违规记录。

> **□ 各类信息源协同共振**
>
> 肯尼思记录：美国联邦调查局纽约分局，实质上就一间供成百上千名特工审讯犯人的大屋子。特工们被编成不同的小分队，各司其职。美国联邦调查局的这一结构特点，使特工们可以相互展开"头脑风暴"。每一位特工都发表自己对案件的看法，并获得自己所遗漏的信息源。每名特工所存档的信息源，对美国联邦调查局价值巨大，并和美国联邦调查局线人提供的信息分开保管。为从特工们手中高效捕捉这些调查"线

人"，我开发了一套美国联邦调查局内部系统。这套系统对每位特工的个人联系人进行归集，并将这些人的姓名汇编入一个数据库。（过去，我们常常把亲人朋友提供的信息源称为"后兜"信息源。）该数据库不会显示线人姓名或与该线人有关系的特工姓名，仅会对线人曾经工作过的公司的所属行业类别及公司名称进行确认。所以，假设你是一名特工，正在侦查一桩华尔街诈骗案，你就可以进入该系统，看看某个人是否在该行业的某一家特定公司有线人。届时，你会前来找我，而我会和相关特工接洽，看看你（特工身份）能否接近这名线人。此种方式，确保了线人和特工始终只以匿名方式显示。离开美国联邦调查局时，我开发的这一数据库，正以迅雷不及掩耳之势，发展成为一个巨大无比的数据库。由于在私营部门，我们的"线人"，就是我们在特定调查过程中找到并去接触的前雇员、商业伙伴、诉讼案件的对方、邻居及其他人（弗里恩克利尔一案就是这样），所以，在企业决策服务股份有限公司，我们利用自己存档的行业信息源，开发了一套类似的系统。开发一套信息源协同共振系统，将令你在搜索信息的过程中所获信息数量最大化。

我们调查研究全过程的第一步，就是运行我们称之为"识别器"的程序，该程序或为我们提供一个人全名（以及任何可能存在的别名或小名）、社会安全号码缩写、出生日期以及任何现住址和曾住址的资源。我们运行该识别器之后，确认了沙迪的社会安全号码和出生日期。我们检查了其住址记录，留意到一段空档期：21世纪初的头几年里，沙迪没有居住地。如果我们发现，一个人在某一期间的居住地信息"缺失"，那这就通常表明：这期间此人和别人合住，且从未使用过任何类型的信贷业务（可能性小），也许在服兵役（可能）或在狱中服刑（也有可能）。我们联系了美国联邦监狱局，并动用了其犯人定位系统，以确定沙迪曾被联邦监狱监禁与否。我们输入了沙迪的社会安全号码，反馈回来的记录显示，沙迪曾因虐童罪而在狱中度过数年。随后，我们检查了加利福尼亚州性犯罪者登记册。依据《梅根法案》条款规定，一个人如被判犯有性犯罪，则其必须在其居住地所在州做"性犯罪者"登记。美国各州随后会保留这些性犯罪者的记录，任何人都能查到其各自所在州的性犯罪者登记册，以找出已知性犯罪者并对其进行定位。当我们搜索加利福尼亚州的性犯罪者登记册时，哎呀，沙迪的名字"蹦"了出来。

对于沙迪身上发生的这一切，我们都告诉了客户。此时，我们已找到沙迪被指控虐童的刑事案件原文件，并订购了一套本案所有在案文件的副本。我们向客户建议，看待此事，需一分为二，或许我们也会找到沙迪的正面信息，所以，最好对沙迪做个访谈，听听他本人怎么说，客户同意了这一建议。

对沙迪做访谈时，我们开门见山，直接问其是否曾涉任何刑事案件。"记忆当中，还真没有。"沙迪回答称。接着，我们特地问起他虐童案一事。"啊？还有这种说法？"沙迪故作惊讶，"我遭到了诬告，整件事就是彻头彻尾的危言耸听。"我们顺势要求道："那好，你讲来听听，到底发生了什么事。"于是，沙迪向我们道出了他的一桩往事。因案情错综复杂、手段卑劣，故极其费解，但其关键说辞包括："是她主动爬到我床上来的，而不是我爬上她的床。好不好？""那名律师死活想要扳倒我。我深信，在证据方面，那名律师肯定也是颠三倒四、一塌糊涂。""明白了吧？整件事就是彻头彻尾的危言耸听。"

然后呢？

对于沙迪的这些回答，我们都做好了记录，并发给了客户。客户看毕，很是反胃。而后，我们向其建议，让我们从另一个专业视角来解析这一情形，并建议同参与本案调查的美国助理检察官谈谈，听听她怎么说。

客户再一次同意了我们的建议。我们查明，在美国检察官办公室里，再也见不着处理沙迪案件的美国助理检察官的身影了，我们也找不到她以任何职业身份工作的蛛丝马迹。但我们能在她家里对其进行定位。找到其踪迹后与其通话，我们向她解释称，我们正在寻找沙迪相关公共记录信息。

"那桩案子，差点儿没把我吓死，"这位前美国助理检察官心有余悸地说道，"办完沙迪的案子，我就辞职了。那个可怜的小女孩呀，其遭遇令人发指。沙迪那家伙到底有多变态、多恶心……你简直无法想象。这个案子，真令我后怕不安。"于是我们接着问她："那这么说来，你们并未诬告他？""绝——对——没——有——"这位前美国助理检察官斩钉截铁一声吼。当我们挂断了和这位助理检察官的通话时，我们订的法院文件也送来了。我仔细通读了这位前助理检察官曾提到的所有细节，她的话的确不假，要把这些细节读完，真不是一般人能做到的。最后，客户告诉公司的两名创始人称：如果他们想于任何时候获得投资者任何类型的投资，他们就必须先让沙迪滚蛋。随后，两名创始人也照做了。沙迪被炒出局后，这位客户才同他们达成了交易。

对策：罪犯罪行无处藏

在安德鲁·沙迪一案中，我们利用美国联邦监狱局的犯人定位系统，确认了沙迪有服刑史。登录美国联邦监狱局官网，可通过输入一个人的姓名进行搜索，以确定其是否曾于联邦监狱服刑。借助该网站系统，你可以获知一个人诸如刑期、刑满释放日期之类的服刑信息。美国联邦监狱局官网网址为：http://www.bop.gov/iloc2/LocateInmate.jsp。就访问犯罪记录而言，美国大多数州都有类似的系统。

性犯罪者登记处是又一个很好的资源。美国大多数州都长期设有可供公众查询的性犯罪者登记处，对于这一点，前文已有探讨。美国某些州（如加利福尼亚州）会有某一网站的相关信息，比如加利福尼亚州的网站是http://www.meganslaw.ca.gov，而美国其他州，要求你电询相关部门，才能获取相关信息。美国各州对公众的信息开放度，因州而异。

Digging for Disclosure | 第 6 章

跨出国门做调查

众所周知，越来越多的公司通过收购、业务外包或海外建厂，来实现全球业务扩张。跨国尽职调查的重要性，不亚于你在美国本土收集情报的重要性。获取所需海外信息，想在纽约足不出户、点点鼠标就能彻底完成，那是痴人说梦。我们调查研究行业的多家公司，都设有海外办事处，以顺应和满足投资者的需求。

世界上的每个地区，其公共记录获取通道各不相同。虽然远赴海外做尽职调查的任务，似乎令人生畏，但有时候，仅需确认境外某家公司是否真实存在，就已成功一半。

案情：无中生有境外厂

一位放贷人聘请我们对一家总部设于美国的成长型公司做调查。我们对这家公司及其管理团队进行了背景调查，并未发现存有任何可令这位客户有理由放弃本桩交易的严重问题。当我们把最终版报告提交给客户时，我们问他是否了解其他任何信息或是对这家公司的某些方面心存担忧，客户提到，该公司在泰国有制造厂，但他不曾亲自前往泰国进行实地考察。他给了我们泰国办事处的地址，我们随即派出了泰国当地的调查通讯员前去核实情况。这些同事受我们之托，对公司展开了调查，并亲自驾车前往巡视，以确认该地址真实与否以及该厂在正常运营与否。几天后，我们在泰国的同事向美国总部来电，称在被调查公司提供的地址，除了一栋废旧楼房，其他什么都没有。这家公司在泰国并未经营业务，这里早在三年前就关门了。但仅凭这一信息，尚未到足以立马放弃和这家公司交易的地步。泰国方面提供的信息，为客户提供了额外的杠杆筹码，在和这家公司重谈交易条款时，他可将这些情报作为谈判的资本。

进行海外调查，也是尽职调查过程中的重要一环。但是，如果你不是拟向某家设有海外办事处的公司提供资金的放贷机构，而是拟和某位工作足迹遍布全球的对冲基金经理一同投资的投资者，那你又当如何？在此情景中，或者，在其他任何会危及你的资金和声誉的情况下，在任一境外国家收集信息的重要性，和你在本国境内开展业务时收集情报的重要性旗鼓相当。

案情：隐瞒踪迹有玄机

一位投资顾问代表一家养老基金，对最近在中国香港成立的一只对冲基金做调查，聘请我们对这只对冲基金的基金经理里奇·奥密特（Rich Omit）做调查。客户将奥密特的简历发给了我们，并告诉我们称：由于奥密特在中国香港创立其基金之前，曾在纽约市某家大型投行工作，故调查的重点，应放在中国香港和美国纽约市这两个地方。于是和往常一样，我们展开全面调查，先将调查重点放在纽约，并基本确认：奥密特的确曾为这家银行工作过，且在曼哈顿中心区拥有一套属于自己的公寓，还取得了美国东海岸常青藤盟校的本科和研究生学历。我们未找到奥密特的任何民事或刑事犯罪记录、破产备案、法院判决或留置权，也未找到其会引发外界争议的媒体文章，更未找到美国证券交易委员会、美国金融业监管局或美国其他任何联邦或州监管机构对其提起监管诉讼的在案信息。我们将此类信息转发给我们设在中国香港的办事处，交由办事处相关人员调查。我们得以确认，奥密特最近成立了自己的基金，其基金公司名称为"奥密特顾问咨询公司"，且其成功拉到了一些高净值客户成为其投资者。我们在获得中国香港办事处反馈给我们的信息，以及纽约办事处完成的研究结果后，开始为客户将这些报告汇编成册，并对我们查明的信息进行审查与剖析。

乍一看去，似乎奥密特的履历一切都顺理成章：取得了工商管理硕士学位之后，即开启投行工作之旅，而后有所成就，再后来，敏锐嗅到了中国香港的商机，于是在那里创立了自己的对冲基金。这就是一则典型的创业故事，不是吗？（但你要知道，如果你可以不假思索地直接回答"是"的话，本书中就不会出现这则故事了。）

当检查奥密特的职业履历时，我们注意到：他于2004年2月至2005年1月期间（当奥密特在中国香港开设他的对冲基金时）留有一段职业空档期。通过我们在中国香港的调查员人脉网，我们开始向一些了解奥密特的人做私密问询，我们从他们口中了解到：奥密特抵港之前，已在印度度过了一段时间。首先我们假定：奥密特不过是在印度花了一年时间全国旅游而已。但我们从不倚赖假设，于是我们也在印度对他展开了研究。结果证实：2004年，因内幕交易和市场操纵，奥密特遭印度证券交易委员会制裁。其五年内不得在印度从事证券交易。奥密特为何辗转中国香港，答案不言自明：他遭印度证券交易委员会制裁后，立即打点行装，飞赴中国香港，希望在那里洗心革面、重新来过。照此计划，奥密特就不得已对其简历动了手脚，以免他在印度期间的所作所为被投资者知道。此类原因，全都显而易见，对于奥密特这种人，我们的客户不愿与他同流合污，并且我们为客户在中国香港物色到几位值得信赖的对冲基金经理，客户对他们进行了投资。

案情：慎防伪王子成灾

在中东，当和富豪家族进行交易时，该地区的显赫王族会依当地惯例，聘任其信任的代表，来物色美国及其他国家或地区的投资机会。不幸的是，经常有人冒充这些王氏家族的成员，并且往往他们毫无机会申请到王室资金。由于尚不存有一个数据库来将中东"王室骗子"一一列出，我们始终依靠我们的调查员人脉网以及某一特定国家的联系人，来弥补数量有限的现有公共记录信息的不足，以协助辨别这类家族代表的真伪。

一家金融机构，聘请我们对一个人做背景调查。这个人（让我们称他为"伪王子"吧）告诉我们的客户称，他对投资这家金融公司饶有兴趣，并一再声称，他是中东当地某只主权财富基金的代表，其"家族"也愿意支付任何所需款额来完成本桩交易。客户继续追问，伪王子便解释称，他是中东一个显赫家族的众多王子中的一位，他可以获得政府资金。我们和身在该伪王子所在国家的一位线人进行了接触，查明伪王子充其量不过是该王室的一名远亲而已，王室做任何投资或金融决策，他都无法施加影响力来进行左右，显然也不是这只主权财富基金不可或缺的重要角色。

在其他类似案例中，我们也找到了一些证据来证实某个人声称自己是以色列情报局摩萨德的一名成员的说辞系伪信息，而还找到了一些证据确认了某个人声称自己是前东德安全局史塔西的一名前特工的陈述属实。

对策：国外线人帮大忙

此述案例已然表明：单纯只做案头研究，尚不足以彻底查清真相。在大多数此类境外国家中，借助你认识的人所织成的人脉网获取信息，都远比当地可取得的数量有限的公共记录要丰富得多。美国境外的许多国家，对从公共领域可获得的信息做了数量限制，故在做跨国调查时，我们依靠由我们的前司法人员和特工组成的人脉圈来收集信息。你的跨国交易得以继续推进，让你得偿所愿，正是归功于这些线人。

前面已提到，国家或地区不同，可获得的公共记录信息数量就不同。就公共记录信息获取通道而言，英国和中国香港地区，很可能和美国最相似。在美国成立公司时，公司记录会由公司成立所在州秘书处存档保管。与此相似，在英国成立公司时，公司记录会由英国公司注册处——英国版的秘书处存档保管。英国公司注册处所保存的公司记录，可通过律商联讯及其他信息源查询。在英国进行背景调查时，我们通常倚赖英国公司注册处的公司记录，用以确定某个人的公司于英国所设联属公司及董事会席位情况。同时，我们还能获取某些特定公司的信息。在英国，监管职能由英国金融服务管理局履行，它是一家对金融服务业进行监督的独立监管机构，类似于美国金融业监管局。英国金融服务管理局营运所需资金，由其监管下的金融机构共同担负。英国金融服务管理局的成员，由英国财政部任命。在英国进行调查时，英国金融服务管理局是我们的必去之处，目的是弄清某个人是否曾受到英国金融服务管理局给予的任何纪律处分，或是否曾违反英国金融服务管理局的任何规章。英国金融服务管理局所提供的信息，比美国金融业监管局和美国其他监管机构所提供的信息都更为翔实。对于此类记录，我们可登录英国金融服务管理局官网（www.fsa.gov.uk）进行查询。

同样，证券及期货事务监察委员会是中国香港对证券和期货市场进行监管的机构。对于其监管下的个人及公司信息，我们可登录其官网（www.sfc.hk）进行查询。同时，中国香港证券及期货事务监察委员会还永续保留了一份"警示信息清单"，它是一个可用来搜索中国香港从事无牌无照经营或其他不当经营活动的个人及公司信息的数据库。但在英国和中国香港地区两地，公众无法查询犯罪记录。虽然在英国、中国香港地区及其他若干国家或地区，有获取少量信息源的通道，但是，在跨国（或地区）调查中，我们还是必须主要依靠背景调查目的国（或地区）的自有线人人脉网去收集信息。

美国《反海外腐败法》

具有全球业务布局的公司，还必须考虑另一个问题，那就是：美国政府对 1977 年《反海外腐败法》的执行力度在持续加大。《反海外腐败法》的内容围绕贿赂国外官员展开。该法规定，禁止美国的公司和个人在从事商业活动时以任何形式贿赂国外官员，以令其为自己"开绿灯"或维系既有业务关系。《反海外腐败法》由美国司法部负责施行。2008 年 12 月，德国西门子股份有限公司违反《反海外腐败法》，并同意向美国支付巨额罚单。在因违反《反海外腐败法》而支付罚金的案例中，这是迄今为止罚金额最大的一次。美国司法部、美国证券交易委员会及其他国际监管机构，指控西门子及其三家子公司未能妥善做好内控，违反了《反海外腐败法》的反贿赂规则。美国司法部声称，西门子及其若干分支机构，为了中标政府项目，在诸多国家中，要么给回扣，要么用金钱贿赂政府官员。同时，美国司法部还指控西门子在其内部会计账簿和会计记录中蓄意对这类支出款项做了不当入账处理。最终，为解决这些指控，西门子同意支付 16 亿美元来了结此案，其中有 8 亿美元被支付给了美国证券交易委员会。这是自 1977 年美国《反海外腐败法》颁布实施以来公司因违反《反海外腐败法》规定而遭受的最高罚金。西门子遭罚后不到两年，2010 年 1 月，美国证券交易委员会指控 UT 斯达康股份有限公司也违反了美国《反海外腐败法》。

> □ 《反海外腐败法》说明
>
> 如果你想了解《反海外腐败法》的全部内容以及该法对你产生影响的方式，请登录美国司法部官网（http://www.justice.gov/criminal/fraud/fcpa/）进行查询，该网站具列了《反海外腐败法》所有细则。

案情：巴西遭讪"睁眼瞎"

布里毕集团公司（BryBee Corp.）是巴西的一家中型工厂，已存续了10多年。布里毕直接将一座破烂不堪的旧厂房用作其厂房，其厕所脏得会让你觉得上普通公厕都成了一种奢侈。为了避免工厂被关停，布里毕和巴西巡视员达成了一个老套的约定：我给你好处，你替我保密。连续多年，布里毕都给巡视员好处费，以免工厂被关停。巴西巡视员会例行巡视布里毕厂房，但对于厂房的破烂不堪，他们会装着什么也没看见。他们向上司汇报时，就只说该厂房无任何明显违规，一句话带过。

由于不知道德底线在哪里，对外，布里毕也用钱行贿政府官员，以确保中标政府项目大单；对内，在公司工资册上，将全职员工都标为临时工，以逃避按法律规定必须为员工缴纳的社保福利和相关税费。这一招曾对布里毕而言非常管用，其资产负债表与项目合同册，双双光鲜夺目。

2008年2月，一家美国的小型公司——海因德赛股份有限公司（Hindsight Inc.）㊀为谋求品牌及商誉扩张，收购了布里毕。由于并未意识到收购境外公司的潜在风险，海因德赛股份有限公司未对布里毕做细致的尽职调查，只想着迅速将两家实体合并了事。诚然，海因德赛的高管也亲眼见过布里毕的厂房，条件确实不是一般的糟糕，但他们以为，在巴西这样

㊀ Hindsight 有马后炮、后知之明的意思。

的作业程序属于正常。

到了 2008 年底，海因德赛派出了一队受过良好教育的审计师，对布里毕年末财务资料进行审查。他们审查了其工资册、应收账款与应付账款，觉得已掌握公司情况后，才开始前往布里毕工厂亲眼察看。海因德赛审计师目睹了布里毕那破烂不堪的厂房时，才恍然大悟，布里毕在花钱贿赂政府官员，且未给这些"临时工"支付所有福利。审计师意识到，海因德赛必须为布里毕担负的成本，将比其原计划的成本要高得多。不久，审计师和海因德赛就都麻烦缠身。

对策：商业环境大改观

首先，海因德赛需"纠正"布里毕的现行做法。布里毕惯于暗箱操作，所以要想不再在政府官员身上花钱，就必须同布里毕员工及巴西政府官员交谈。我们协助海因德赛草拟了一份公司合规计划和员工道德政策。这些计划与政策，适用于包括布里毕厂员工在内的所有员工。通过我们在拉美的联络人，海因德赛为布里毕厂招聘了一名合规高管，委之以重任，监督布里毕的业务运营。海因德赛向布里毕员工解释称，现在他们已是一家美国公司的员工，因此他们必须遵守的规则也将相应发生改变：不得再向政府官员、供应商或其他人送礼。海因德赛给布里毕员工讲了一堂新东家规则的合规课后，旋即要求每名员工签署了一份合规协议和道德政策守则。

接着，海因德赛必须对布里毕厂的恶劣条件做出改善。这座厂房是不是违规建筑？要让这座厂房达到巴西当地标准，需要多少改建费用？由于此前连续好多年，布里毕都花钱堵住了巡视员的嘴，所以，审查了由巡视员提供的该厂相关报告后，海因德赛并未发现该厂房有任何缺陷。这种做法的确有用，巡视员不会因布里毕厂已延续多年的缺陷而将其关停。我们取得了巴西当地的建筑规范和要求,海因德赛耗费了不少资金改建厂房,才使布里毕工厂焕然一新。毋庸多言,这一巨变使布里毕员工欢呼雀跃。虽然,根据布里毕所有新规则和新政策,他们可能会猜测,工厂或许会再次被美国公司收购,但是,海因德赛自愿对该厂进行改进,令员工备受鼓舞与激励。相反,巡视员却对这一巨变表现得无动于衷。我们了解到:许多当地巡视员,多年来长期收受美国公司钱财。而作为做生意的必要成本,这种行为也或多或少成为心照不宣的潜规则。直至最近,人们由于遵守美国《反海外腐败法》的合规意识极大增强,才不再容忍收受贿赂的做法。由此一来,这些巡视员不再指望能从那些必须遵守美国《反海外腐败法》的跨国公司那里收受钱财。于是,他们开始将目光转移到那些小公司身上。

一旦你知道违反美国《反海外腐败法》的案件处理方式以及开展海外业务相关的其他风险(如外逃资本)时,你就会明白,美国境外有许多国家,因犯罪活动猖獗而臭名远扬。它们中的有些国家会令投资者抓狂,而也有其他部分国家开始改善它们的基建设施,期望借此摆脱它们在国际上的坏名声,从而令自己对美国投资者更具吸引力。而巴西,正是这类国家之一。

巴西的商业环境,一路向好。由于前往拉美跑马圈地、扩张业务的公司与日俱增,巴西的企业投资环境也相应有所改善。国外企业强化巴西业务布局的意识日益增强,迫使巴西当地企业高管和联邦机构也因时而变、与时俱进。

在过去几年中,巴西联邦警察已曝光了两起欺诈案件,所涉跨国公司招致严重后果。2007年10月,巴西权力机关逮捕了40人,他们被指控涉一起思科进口商品定价偏低的税务欺诈骗局。在被捕人员中,也有思科的部分上层高管。思科丑闻曝光后仅一个月,另一起类似案件发生了。2007年11月,巴西联邦警察逮捕了19人,他们被指控涉一起声称可帮助那些在巴西设有办事处的跨国公司逃避政府税费的税务欺诈骗局。据新闻报道,这些公司将通过瑞士和美国的银行（比如瑞士联合银行、美国国际集团和瑞士信贷）进行洗钱。

洗钱一直是一个很令巴西头疼的严重问题。为竭力遏制税务欺诈和洗钱活动，巴西联邦警察越来越多地将焦点投到跨国公司身上。

但是，巴西和其他许多国家一样，其商业环境在不断演化。但这种演化是一个渐进过程，许多国家的商业环境依旧飘忽不定。为确保成功完成一桩跨国交易，在同公司合作伙伴做生意之前，跨国公司需对它们进行更多了解。2009年5月26日，迪翁·瑟西（Dionne Searcey）在《华尔街日报》上发表了一篇题为《公司贿赂盛行，美国重拳出击》的文章，针对近期指控违反美国《反海外腐败法》的诉讼案件呈现出不断上升的趋势进行了探讨。文章同时提到了昇阳电脑和荷兰皇家壳牌两家公司。这两家公司一直备受美国司法部密切关注。并且，据报道还有约120家其他公司也正在接受调查，以确定它们在海外业务布局过程中，是否也未严格遵守美国《反海外腐败法》的规定。由于此类振奋人心的举措，有时候美国公司为达到《反海外腐败法》的规定要求，不得不支出一笔高昂的费用。这就要求各公司严密审视其商业做法以及同外国政府与官员、海外办事处监督负责人之间的关系。

为获取信息而需漂洋过海，这不足为虑。这是因为总有一些交易，不跨出国门，就无法达成。你需要和海外办事处的运营人员熟络熟络。进行背景调查，实施有关合规守则，均需如此。这样既可确保你不会轻易中招被骗，又可确保你做到对美国《反海外腐败法》的合规。

第 7 章 "千锄万锄"掘信息

Digging for Disclosure

2000～2004年，许多起公司丑闻，备受媒体广泛关注。遭受调查的高管体现出的问题症结，都如出一辙——皆因信息披露而起。玛莎·斯图尔特（Martha Stewart）未曾披露她大举抛售美国生物技术制药公司——埃姆克隆（ImClone）公司股票的真实原委。安然公司的高管，也未曾披露其公司财务状况的所有细节。因未披露交易行动、交易时机、买卖双方关系或所授期权、打包次级按揭贷款，投行被处以罚金。

对从事角色与诚信背景调查的人而言，拒绝披露就等于不诚实。而这种不诚实，往往是其他不道德行为或不当行为的线索。企业决策服务股份有限公司已执行的调查，达成千上万起。这些调查，无一不佐证了这一观点。无论是激烈的问题、令人震惊的问题，还是常规的问题，我们遇到过的情形，委实太多了，所以才得出结论：哪怕只是一丁点儿信息，都足以左右一个人或一家公司的投资决策。你一定想知道：如果事情的真相在你们的业务关系发生之初就已遭误解，那么当这个问题事关你的钱袋时，你还会认为事情的真相不会遭到中途践踏吗？如果你的首席执行官在每月开销报告中都虚报费用，那么在报告董事会席位人数时，他也会虚报吗？

案情：狼披羊皮掩耳目

一家便利店连锁店的董事会成员拟寻求公司扩张。他们相中了一家由一支三人团队运营的成长型连锁店，于是聘请我们对这三人中最年轻者理查德·弗朗特（Richard Front）做调查。由于本次对该公司投资金额相对较少，我们的客户选择只对弗朗特做背景调查——只有他才有权签支票。

起初，我们并未发现弗朗特存有重大问题。实际上，他的背景信息几乎一片空白，弗朗特甚至没有任何实际经验，来使其有资格胜任任何事情，更不用说玩转全盘业务了。同客户讨论过几次之后，我们建议，进一步对弗朗特进行信息深挖，而客户也认为有必要这么做，于是就同意了。

我们发现，弗朗特的父亲也是该团队的"三剑客"之一，且其已承诺向其公司投资一大笔钱。然而，他曾因销售与经销麻醉毒品而锒铛入狱，直到最近，才从联邦监狱刑满释放。我们还查实，该团队"三剑客"中的最后一名成员，是弗朗特父亲的狱友，他曾因洗钱罪而入狱，也想分享这家连锁店因成长而带来的收益。

如果三人中就有两人曾经洗钱，那这家便利店是否会成为掩护其洗钱的下一站？投资者想要给他们提供更为方便的洗钱通道吗？这家便利连锁店的董事会成员，都不想冒这个险，于是放弃了这桩交易。

最白谎言总苍白

经常非出镜即见报的高管，上演保险欺诈；对冲基金经理，在简历中大肆渲染，称其拥有常春藤盟校学位，可实际上他们从未取得任何学历；基金分析师鼓吹投资某些公司年化回报率高达35%，而此类公司系子虚乌有、根本就不存在。小到自吹自擂，大到滥施淫威，都是问题爆发前的迹象。上述便利店的故事，只是众多这类故事中的九牛一毛。

一家机构投资者，拟参与某家年轻公司的首次公开募股，于是聘请我们对这家公司的创始人——几位25岁上下的年轻人做背景调查。

他们曾向客户披露的信息版本是：他们上大学期间，曾因在街角吸烟被捕。

而我们查明的信息版本是：这帮年轻人，曾经营一个跨美国多个州的大麻和可卡因毒品犯罪团伙，在联邦法院被提起了刑事诉讼，且已服刑5年。

要是我们的客户不知道事情真相，这些年轻创始人的个人背景信息在美国证券交易委员会备案文件中被发布时，他们的公司就会当众出丑。我们的客户最终还是选择了继续完成本桩交易，而这家年轻公司也成功上市。这几位年轻创始人，仍是该上市公司的大股东，但不任公司高管或董事。

死性不改科斯莫

只要有过犯罪前科，交易就很难顺利进行，对于这一点，我们自不必多说。2009年初的欺诈丑闻之一，就是尼古拉斯·J.科斯莫（Nicholas J. Cosmo）被捕，他被指控通过其公司爱加倍环球股份有限公司（Agape World, Inc.），操盘了一起涉案金额高达4.13亿美元的庞氏骗局。尽管科斯莫对投资者做出了回报承诺，但他一直都在用投资者的钱来供其过上挥金如土的挥霍生活。更糟糕的是，除了用投资者的钱来支付昂贵珠宝、豪华轿车和酒店房间以外，他还用投资者的钱去偿还其于1998年邮件欺诈刑事案中被判须予支付的赔偿款。和伯尼·麦道夫庞氏骗局一样，最终结局都是投资者被洗掠一空。给投资者留下的，唯有震惊、失望和不幸危机，他们不得不重新审视自己的财务稳定性（关于伯尼·麦道夫一案，我们将于本书后续章节中探讨）。

对科斯莫做了背景调查之后，我们找到了可以揭穿其真实面目的信息。要是投资者当初先查清其根底，很可能就不会同意把自己辛辛苦苦攒下的积蓄交由他管理了。1998年，即从科斯莫开始通过爱加倍环球股份有限公司实施欺诈时倒推将近6年的时间，科斯莫在纽约东区法院遭到欺诈刑事指控。科斯莫被判监狱服刑21个月、监外执行3年并被处以大额罚金。由于该刑事案件是在联邦法院备案的，故通过法院电子记录公共入口（https://www.PACER.gov），可轻松查到本案相关信息。通过该入口，任何人都可以查询美国各州于联邦法院备案的民事犯罪记录、刑事犯罪案件和破产备案信息。法院电子记录公共入口的网址（http://pacer.psc.uscourts.gov/），允许你按人名、公司名或案件编号进行搜索，你往往还可以调阅到备案案件的诉讼事件表。在科斯莫一案中，要是你在向科斯莫投资之前，通过法院电子记录公共入口官网，对其做过基本搜索，那么你就不仅会发现他1998年的那桩刑事案件，还会发现，1998年5月，为根据美国《破产法》第7章规定寻求破产保护，他还经历了破产法律诉讼程序。

法院电子记录公共入口，除提供基本搜索功能以外，提供的科斯莫相关信息足够明晰、足够多。这些信息，已然足以令任何投资者对他避而远之。我们还通过其他研究，发现了关于他的更多负面信息。我们查阅了科斯莫的求职经历，注意到他在20世纪90年代就已受雇于大陆证券商集团公司（Continental Broker Dealer Corp.）。1998年，大陆证券商公司在纽约州拿骚县对科斯莫提起了诉讼。当一个人遭其前雇主起诉时，我们始终建议，对其所涉案件进行调查，以弄清案件的来龙去脉。有时，此类案件被作为违约案件加以备案，但当你审查法院文件时，你就会明白，往往事情并不是那么简单。

我们还进行了媒体搜索，发现了一篇文章。该文章称，科斯莫还与一些颇受争议的黑手党家族有染。当我们对其国内外监管诉讼案件进行例行审查时，找到了一桩2008年1月于美国金融业监管局备案的指控科斯莫涉嫌欺诈等罪名的仲裁案。1999 年，美国全国证券交易商协会对尼古拉斯·科斯莫进行了谴责，且处以 68 209 美元罚款，随后禁止科斯莫以美国全国证券交易商协会成员公司的任何身份行事。在本桩诉讼案中，美国全国证券交易商协会声称："尼古拉斯·科斯莫偷梁换柱，将一份账户转账表上的某公共客户的名称替换成了其独家控制的一家美国全国证券交易商协会成员公司的某个账户的名称，并在转账表后附了一封有关将该客户的账款转至其所控制的公司账户的授权函，而该客户对此并不知情，也未经其正式同意。"调查结果还显示，科斯莫向该客户提供了虚假财务报表和虚假交易确认函。

科斯莫的背景，不容忽视，也不容小觑。有了监管机构、刑事案件公诉人、民事诉讼律师以及媒体记者所发现的科斯莫欺诈记录史，再结合其与有组织犯罪团伙有染的传言，科斯莫"狗改不了吃屎"，对投资者再行诈骗，也就见怪不怪、不足为奇了。

对策：犯罪记录细细寻

在尼古拉斯·科斯莫一案中，你已看到，通过搜索美国联邦法院和各州法院的刑事犯罪记录，就会获得相关信息，而这些信息将会直接左右你的投资决定。对于联邦法院犯罪记录，可登录法院电子记录公共入口官网进行查询。对于这一方法，我们已于前述各章及本章专门提到。对于一个人的州法院刑事犯罪记录，我们必须在这个人居住地和工作地所在县范围内进行搜索。美国某些州（如纽约州）会向公众开放本州范围内刑事犯罪记录搜索功能。你必须先确认，你将要展开搜索的州或县是否正确，以弄清这些记录是否可通过线上搜索或实地查询获得。

当一个人的信息密不公开时，其并不总是表明，此人就一定有过刑事犯罪记录。为保护他人或避免尴尬而隐匿信息的,也不乏其人。我们还遇到过"狼来了"型反复说谎者和职业江湖骗子。在这类情形下,要弄清其所以然,就难上加难了。

案情:酒会冒出"故事王"

经一位共同朋友介绍,托马斯·菲克舒恩(Thomas Fikshun)认识了杰克·沃尔登(Jake Walden)。沃尔登着实不记得,其朋友当中,究竟是谁先认识菲克舒恩的,但他们俩在纽约州韦斯特切斯特一位朋友家的一次鸡尾酒派对上初识。在那次派对上,唯有菲克舒恩身着海军蓝色夹克衫,衣上镶有军衔星案,而未见袖扣上刻有其姓名首字母,于是很快就引起了沃尔登对他的注意。据沃尔登回忆,当时菲克舒恩站在一群簇拥的人群中间(这些人多是沃尔登的朋友),他动情地讲述了其爱女决定为"无国界医生组织"无偿效力的故事,并抒发了其因爱女远隔万里而饱受思念之苦的父女深情。沃尔登兴致勃发,他挤进了簇拥的人群,聆听菲克舒恩讲述动人的故事。

当晚,菲克舒恩分享了好几则故事,每则故事都扣人心弦、引人入胜。菲克舒恩称:他曾就读于一所精英文学院,毕业后,成为美国海军海豹突击队一名队员。退役后,他赴英国伦敦一家投行公司工作了数年,而后打道回府,为纽约一家"绿色"公司工作,并试图为之募集资金。碰巧沃尔登也是一名风险投资家,并在投行领域耕耘多年。于是,他让菲克舒恩将这家公司的信息发给他看看。这就是俩人的初识。

> **□ "猫"给"老鼠"打招呼**
>
> 肯尼思记录:说起与人相识的话题,在我的人生中,有一次与人相识是令我终生难忘的。有一次,我和我的孩子们一起参加了一场曲棍球

> 比赛。赛场上，我见到了一张似曾相识的面孔。"嗨，你好！你过得好吗？"我主动向那家伙打了声招呼。那家伙看着我，一脸茫然。于是我觉得，有必要向他自报家门："我是肯尼思·斯普林格呀，请问你过得怎么样呀？"他愣愣地盯着我，皮笑肉不笑地走开了。我后来方知，他是我在美国联邦调查局时曾经逮捕过的一名嫌犯。

三个月后，沃尔登和菲克舒恩成了朋友。工作之余，他们俩会一起在切尔西码头练习场打打高尔夫、一同畅饮灰鹅伏特加公司所产的马丁尼酒。那时，沃尔登已向菲克舒恩做出口头承诺，同意向其创业公司"绿色"公司投资，并同意为其物色机构投资者，让它们也来投资其公司。一天晚上，沃尔登下班回家后，将其拟向菲克舒恩投资的打算告诉了妻子。"你对那家伙真是一无所知！"沃尔登夫人对他说道。沃尔登意识到，其妻言之有理，因为回想一下，她的判断从未错过，于是，他致电我们，聘请我们对菲克舒恩做背景调查。由于沃尔登不想背着菲克舒恩做任何事情，于是要求菲克舒恩签署了一份授权协议书，授权我们审查他的信用报告及确认其他信息。沃尔登向菲克舒恩解释称，如果他想让投资者投资其所在创业公司，背景调查是一个绕不开的环节。菲克舒恩同意了沃尔登所提要求。

为核实菲克舒恩的文学教育背景，我们访问了一家对全美大学生的在校记录进行维护和对学生考勤与学位进行核实的公司——美国全国学生信息中心。我们并未找到有关他的任何记录。

为了核实菲克舒恩作为一名前美国海军海豹突击队员是否光荣退役，我们又向美国国家档案和记录管理局递交了一份查询申请，也没有查出关于他的任何记录。

菲克舒恩还告诉沃尔登，他曾是一家创业公司的前合伙人，但这家公司因资金链断裂，经营不下去，被迫关停了。这么一家公司确实存在，当我们访问该公司的档案网站时,看到了一份该公司所有前合伙人名单,但上面并未出现菲克舒恩的名字。

最后,我们查实菲克舒恩和其爱女确系"远隔万里"。但造成"远隔万里"的真实肇因,并非是她真想加入"无国界医生组织"为人类无私奉献,而是因盗用身份罪被判监禁,需服刑七年。

菲克舒恩所讲的动人故事,就是一个彻头彻尾的谎言。

沃尔登为此颇感绝望。自己遭菲克舒恩蒙骗,已为事实,铁证如山。这样的一个败类,怎么都无法和他交易。不过沃尔登很好奇,既然菲克舒恩明知沃尔登终究会获知实情,那他为何还是同意签署授权协议书呢?愿不愿签,其实无关紧要。沃尔登先是觉得,他应和菲克舒恩见面谈谈。菲克舒恩说谎,或许有难言之隐。但沃尔登意识到,自己只不过是菲克舒恩所玩棋局中的一名小卒,他才做出决定,自己最好慢慢淡出菲克舒恩的视线。他向菲克舒恩解释说,他原本希望兑现自己当初口头许下的投资承诺,但现在他再也做不到了,且永远都无法做到。菲克舒恩听了这番话,灰溜溜地走了。自那之后,他就再也没有和沃尔登联系过。

菲克舒恩缺乏信息披露,显然比绝大多数同类情形都要恶劣得多,但造成的后果并无二致:如果投资接受人不做恰当的信息披露,那么投资者就无法做出合理稳健的投资决策。

对策:掀开诡计假外衣

通过向美国全国学生信息中心进行查询(前面章节已探讨)和对其服兵役(或是更确切地说,未服兵役)情况进行确认,我们揭开了菲克舒恩的"神秘面纱"。当你需要确认某个人曾在美国部队服兵役与否及其光荣退役与否时,你只需向美国国家档案和记录管理局递交申请即可查询。美国国家档案和记录管理局官网（www.archives.gov）上，清楚列明了 DD-214 表格（为核实兵役情况，必须填此表格）递交方法以及完成此类申请所需提交的信息。

最后，通过访问档案网站"时光机器"（http://www.wayback.com），我们发现，菲克舒恩称其是一家创业公司的合伙人，也是谎言。美国国家档案和记录管理局官网（www.archive.org）准许你访问其各个历史版本的网页，并会注明网页内容更新日期。如果一家公司的高管离职，你可以访问该档案网站，核实这家公司对这位高管的离职评价。同时，你还可以对该公司此时的现况和彼时的状况做比照。或许，这个人过去经常说，他是纽约的一名律师，而后来受到律师协会的纪律处分，因而其在简历中对律师执照只字未提。访问档案网站，是我们的另一款工具，借助该工具，可确保一个人的背景与其本人所声称的背景尽量吻合且同样明了。

上佳做法好惯例

在公众对近期发生的庞氏骗局和金融欺诈的公开讨论中，"信息披露"一词，吸引了部分公众的眼球。大大小小的投资者，都需了解一点，即对公司的工艺流程、业务运营和战略方针，他们都有知情权。如果一家公司不做信息披露，你就要琢磨究竟"葫芦里卖的是什么药"了。客户越来越对未来投资持适度谨慎态度，为顺应这一需求，我们发展出一些上佳做法，并敦促你去遵循。除了必须做背景调查外，我们还建议采取以下措施：

- 背景调查完成后，对经理或高管做访谈，让其对通过背景调查发现的任何言不符实、监管违规、未决诉讼、争议争辩等予以解释，并记录其所说内容。
- 对一家公司的前雇员做访谈，以查明其离职原委，确保该离职员工不存有潜在不当行径。
- 核实基金经理的个人净值，并核实其本人是否也投资了某家公司。对于部分这类信息，可根据美国证券交易协会规则第3050条"关联人交易规则"或美国证券交易协会规则第3210条"信息披露规则"（取代原纽约证券交易所规则第407条）予以完成。
- 对公司管理层的背景调查，必须每隔一两年就重做一次，以确保无新的问题暴露出来。

□ 相关文件是否已取得

如前所述，如果通过背景调查查明某个人涉任何法律诉讼或监管处分，你应当取得此类案情相关所有备案文件的副本，以便更好地了解究竟发生了什么。

- 如果有员工从公司离职，就对其做个访谈。
- 持续监控公司及其高管人员的动向。这意味着，你必须对聊天室、博客、媒体信息源、监管机构备案文件和法院文件进行监控，以确保及时掌握所发布或讨论的关于公司或其管理团队的任何信息。
- 对公司全体员工做一次范围限定的背景调查，尤其是对投资决策人和财务决策人。
- 对主要的经纪人、会计师、基金行政管理人及律师做访谈，以便对相关的往来关系、陈述说辞及财务报表进行核实。
- 开通检举热线（后续章节会对此进行探讨）。

你需要像保姆照管婴儿一样掌控手握你资金的人。这类措施会让你知道，谁在管理你的钱，也会提醒你这一过程中可能会出现哪些问题，以便你能妥善规避诸如欺诈之类的大灾难。

Digging for Disclosure | 第 8 章

竞争须有"撒手锏"

调查研究堪称一款效能强大的工具，各种需求都可通过调查研究来予以满足。调查研究不但可在交易达成前提供信息，或者在某一问题暴露出来之后解决问题，还是一种颇具竞争力的情报获取方式。虽然目标略有不同，但无论是寻求了解对手公司的更多信息，还是寻求了解你拥有权益的公司的更多信息，都会用到同样的资源和创造性方法。

在很多场合中，我们的客户都是些激进型对冲基金和投资者。他们耳闻某公司的业界传言，于是需确认传言的真假。激进型对冲基金，因重仓某一上市公司股票而闻名，所以，该上市公司的管理层信息和经营状况，成为其主要投资决策依据。只要该上市公司稍有风吹草动，激进型基金的回报率就会大受影响，故而，激进型基金需要掌控其所投公司的一举一动。公司行将破产，公司首席执行官行将被踢出局，公司是否正接受监管机构调查，等等，基本而言，激进型投资者需知道公司实际现状。而这些情况或许会影响到公司发展的可持续性或股东回报。

案情：期权回溯"老鼠仓"

一家激进型基金听到一个传言：其所投公司中的一家——汉道茨集团公司（Handoutz Corp.）涉一桩公司期权回溯案。

期权回溯的做法如下：上市公司允许股东在购买其期权时填写一个较早的日期。而在该日期，股价很可能正处于低位，从而可变相实现股票增值。因所填期权日期较实际期权授准日期要早，故行权价就相应变低。例如，一名高管持有日期为 2004 年 4 月 3 日的期权，当天该公司股价为 45 美元/股，期权日期倒填准许该高管在公司股价为 23 美元/股时（如 2004 年 1 月）买入此类期权。由于公司股价已上涨 22 美元，这名高管已然盈利，因此，他所持股份就这样轻轻松松实现了升值。这一做法本身未必是非法的，但公司活动报告中缺乏信息披露，就违反了美国证券交易委员会规则。

投资了汉道茨集团公司的激进型基金，需了解网上是否有此传言。财经留言栏上确有此传言：期权日期倒填确已发生，公司高管赚了个盆满钵满，而公司股东还被蒙在鼓里。为妥当印证此类传言的真假，我们决定先问两个初步的问题：问题一，提起这一指控的人，是否有任何散布虚假传言的理由？问题二，汉道茨的高管之前可曾受过类似指控？

> ☐ 内幕人员
>
> 内幕交易数据库只提供"内幕人员"（上市公司高管和董事）信息和追踪上市公司股权和期权持有情况。对于这类内幕交易数据库，我们可通过网站 http://research.thomsonib.com 进行访问，也可通过万法进行访问。

通过分析网络留言板上的帖子，我们得以确定，早在几个月前，此传言就已经出现，发帖者为汉道茨前高管简·格拉吉（Jane Grudge）。虽然这一发现非常有趣，但我们问的两个初步的问题还是未得到答案，我们仍然不知道，期权日期倒填一事是否确已发生。我们深知，据称，涉期权日期倒填的公司高管面对质问，无一会坦白其所作所为。于是，我们决定以迂为直来彻底探明事实真相，开始调查汉道茨及其公司成长史和管理团队。我们认为，我们也许会发现公司高管背景或公司经营状况方面的一些信息。而这类信息，将会为我们提供有用的线索。

首先，我们将调查焦点放在了职衔带"官"字的三大高管身上，即首席执行官、首席财务官和首席运营官。在审查联邦法院民事案件的过程中，我们发现，在传言流出前约6个月，汉道茨的三大"官"字高管，就曾遭到性别歧视指控。原告是一名女性，名叫简·雷米斯（Jane Remisse），家住加利福尼亚州北部，她之前曾是汉道茨的一名高管。经客户同意，我们前往加利福尼亚州简·雷米斯家去了解情况。我们一边敲她家的门，一边解释称，我们已经了解到她对公司提起了性别歧视指控一事。但同时我们也对她说，她作为公司前高级别员工，如果知道关于期权日期倒填一事的任何信息的话，我们将洗耳恭听。雷米斯女士问道："噢！那你们为什么会认为是我提起指控的？"对于她这一问，我们都一头雾水，于是直接说，我们不明白她的意思。于是雷米斯接着细说开来："我指控他们性骚扰，原因是公司所有男高管都期权日期倒填了，唯独不让我期权日期倒填。"

原来如此！在留言板上放出传言的那位署名"简·格拉吉"的女性（格拉吉系其结婚前姓氏）与简·雷米斯是同一人。有了这一信息，我们的激进型基金客户才明白，这一传言是"无风不起浪"，属部分真实。于是，他对所持该公司股票做了相应减仓。

案情：医疗欺诈大谜团

我们所收集到的极具竞争力的情报，并非总是以"竹篮打水一场空"而告终。我们也曾效力于另一家激进型基金，该基金持有一家医疗板块上市公司——麦思丽医疗（Medikal Mysleed）的股票。该激进型基金的基金经理曾无意间看到一篇新闻稿，该稿系由美国司法部长办公室医疗救助欺诈控制小组向美国某一特定州发布。该新闻稿称，麦思丽医疗正在接受医疗救助欺诈调查并称该公司首席执行官的名字也赫然出现在本次调查对象名单之中；该新闻稿还提到，美国其他州也因同样的理由，正在对麦思丽医疗进行调查。这位激进型基金经理通过其顾问来聘请我们为其确定，该公司究竟受到了哪些指控，公司还受到了哪些方面的调查。以及所被指控医疗欺诈是一个会令全公司上下"血流成河"的系统问题，还是纯粹由首席执行官一手造成。

我们通过联系全美范围内的医疗救助欺诈控制小组来展开调查。在美国部分州，我们必须根据美国《信息自由法》规定递交一份申请才能查询相关信息。该法规定，任何人均有权向美国联邦或州政府机构申请获取信息。当然，该法也规定了政府机构可以拒绝你请求的一些特定规则与情形。不过，有时，根据《信息自由法》规定递交申请，确实能牵引出相关信息。一边根据《信息自由法》向这些州的政府机构发出申请，一边联系我们手头那些曾在全美各类欺诈小组工作过的前调查员的联系人，我们开始收到可通过公共渠道取得的大量信息。

通过对堆积如山的公文和医疗救助规则规章进行一番筛查之后，我们发现了一条共同线索：对这家公司提出的指控不可能是基于麦思丽医疗所从事活动提出的；进行这类调查的原因也不可能是由麦思丽医疗所从事的活动引起的。我们仔细查阅过的所有文件都表明，麦思丽医疗是在守法经营。这又令我们一头雾水，我们转而联系了我们的前欺诈调查员人脉网，拜托他们去接触他们在任何政府机构中正调查麦思丽医疗的任何"线人"。我们需要有人来为我们解释清楚，麦思丽医疗究竟发生了什么。

> **□ 美国《信息自由法》为你护航**
>
> 为了使你根据《信息自由法》规定递交的申请更有成效，请你尝试只聚焦于某些特定信息。如果政府机构很容易找到你所需信息，那么，他们就更容易回复你。因而，如果你"予取予求"，很可能你的申请就会得不到处理，或者他们要过很长时间才会回复你。如果你索要少许具体文件，你所提交申请的审核人员，就会确切知道该把你的申请发往哪里。这样一来，你就很可能会收到回复，并会从中得到一些有用信息。

最终，我们联系上了一个人，他愿意花时间为我们解释流程运作方式如何，以及既然这家公司似乎都是在守法经营，那它为何成了调查对象。我们的一位"线人"说，他熟悉麦思丽医疗所涉情形。他解释称，数年来，这些州的确一直在调查该公司首席执行官，可迄今都未能对他提出指控。所以按常规惯例，总检察长开始亲自关注这家公司。如此一来，他们就可以取得公司内部文件，而这将有助于他们对公司首席执行官展开更为广泛的调查。

所以，麦思丽医疗的症结主要不是出在公司内部。有了这一情报，我们的激进型基金客户决定，集合其他投资者和公司董事会成员，敦促他们将这名首席执行官踢出局，以拯救麦思丽医疗。这就是发生在麦思丽医疗的事。时至今日，麦思丽医疗依然阔步向前、蒸蒸日上。

对策：俗套方法并不俗

只要不会因被彻底淘汰而过时，你就尽管提起电话机来拨打电话，做一些枯燥乏味的信息收集工作，往往都会得到一些有用信息。这项工作，似乎再简单不过了。麦思丽医疗一案，即为如此。我们花了好几个小时，来联系全美各类医疗救助欺诈控制小组。正是通过拨打这类电话所了解到的信息，让我们对麦思丽医疗一案盖棺定论。显然，电话是每位投资者均可使用之物。偏年轻的调查员倾向于认为，互联网上信息应有尽有。可事实上，提起电话机，同另一位人士现场连线才是卓有成效之法。

就拿麦思丽医疗一案来说，根据《信息自由法》规定递交申请之后，我们得以取得更多信息。实际上，《信息自由法》规定，任何人均可向美国政府的任何分部或任何部门申请取得信息。当然，政府无须对所有申请都予以回复。但是，除非信息被封存、事关国家安全或与某一进行中的调查相关，如果你根据《信息自由法》规定递交了申请，那些收到你的申请的政府机构，往往都能给你某些类型的回复。由于你永远无法知道，你究竟会得到什么信息，因此，根据《信息自由法》规定递交申请，有时就不失为一种取得相关信息的便捷工具。

在其他情况下，商业情报有助于公司了解其竞争市场情况如何，以及为何其销量（或许）在下降。许多公司都会经历起起落落。这种情况，有时乃宏观经济使然，而有时则因为消费者需求发生了变化。但有一些时候，一家新公司登场也可能会造成你的公司销量下滑。虽然，"大鱼吃小鱼、快鱼吃慢鱼"的竞争格局构成了我们社会不断前进的强大动力，但是，如果你的市场中出现的新竞争对手原先曾是你的员工的话，竞争就并不总是那样受欢迎了。

案情：蚂蚁搬家出内鬼

一家位于曼哈顿中心区的服装公司——迪斯服装（Disdress），致电我们，语气里充满了莫名的担忧。该公司称，其客户无缘无故就消失了。迪斯服装想聘请我们为其查明：市场上是否有经营同款产品的新公司出现？如果有，这些公司究竟提供了什么，以至于客户都离我们而去和转而投向它们的怀抱？

我们试图确认是否有任何新公司出现的同时，也要求看一下迪斯服装的现职销售人员名单。我们对名单上的销售人员稍做研究，以弄清是否有人因工资不够个人开销而有挣外快的可能性，而这恰好可能正是给公司带来新竞争的真正原因。要是我们的预感错了，也就不会有这一故事了。不过，我们的预感很准，其实并不如我们查明真相的过程重要。

迪斯服装有一名员工，名叫帕特里克·盖尔（Patrick Guile），家住新泽西州威豪肯。威豪肯到纽约市有通勤车，往返便捷，帕特里克·盖尔就在威豪肯租了房。作为一家小型服装公司的业务员，领着微薄的工资，这样的生活情况倒也讲得通。但是，在其停车场里，同时停有一辆森林绿版捷豹 XJ8 和一辆黑色宝马 7 系，两辆都是顶级豪车，就不无蹊跷了。不对呀！我们核实过，盖尔近期并未从其已故姑妈或其他任何亲戚那里继承任何巨额遗产呀！同时，我们也核实过，盖尔既非富二代，又家无阔妻，所以，买这些豪车既非"啃老"，也非"吃软饭"。他真正拥有的是一家成立于特拉华的公司，其产品款式高仿迪斯服装。

经迪斯服装公司及其外部顾问同意，我们调取了盖尔在迪斯服装公司邮箱中的已删除邮件，发现其在给一位迪斯服装客户的邮件中这样写道："请把佣金汇往我家里，我不想让公司发现我在做这门生意。"我们能采取如此做法，是由于迪斯服装制定有相关计算机和邮件管理政策。这些政策，准许我们审查此类记录。

我们随后获取到一些早已不再和迪斯服装有业务往来的客户的账户名称。我们同这些客户交谈，并问起当下的状况。尽管有些客户不愿同我们交谈，但我们还是找到了一些提供有用信息的迪斯服装前客户。这些前客户向我们透露，盖尔告诉他们，他会从迪斯服装离职，所以他们才同意转而和盖尔做生意。这些客户称，迪斯服装的境况令人担忧，并认为如果盖尔会从迪斯服装离职，承诺为他们提供迪斯服装同款产品，那么，迪斯服装的境况是好是坏对他们来说就无关紧要了。实际上，盖尔卖给客户的产品是他直接从迪斯服装偷来的。但他向客户谎称，那些产品是其自己公司生产的。鉴于家丑外扬很容易砸自己的牌子，迪斯服装并未对盖尔提起诉讼，而是决定和他私了。

对策：公司记录"藏黄金"

之所以能发现帕特里克·盖尔变节，关键在于我们能对公司记录进行搜索。任何时候在美国任何州成立任何公司，各州都会对公司信息存档。部分州（如特拉华州）并不会要求公司提供公司高管或董事人员名单，但是，每个州的公司记录数据库都会包含公司全称和成立日期。律商联讯编制了一个非常全面、覆盖全美的公司记录数据库（不像新泽西和特拉华这两个州的公司记录，必须单独查询）。律商联讯是搜索公司记录的首选途径。

> **□ 非营利组织信息查询**
>
> 至于某家公司是否注册为一家非营利组织，从而享受纳税豁免，请访问导星网（http://www2.guidestar.org）进行查询和确认。

Digging for Disclosure | 第 9 章

亡羊补牢犹未迟

商业情报不仅是达成交易前不可或缺之物，亦为善后必需。你我都知道，背景调查会不时被抛之脑后。或许，因有人向你推荐了某一交易机会，而你觉得你了解这家收购标的的管理团队，于是你就直接跳过了背景调查这一步。人们做交易时，往往偏重结果，即能获取多少收益。归因于此，一些关键环节就被忘得一干二净。有时候，你福星高照，如愿以偿，而有时候你可能会措手不及，烧香拜佛。不幸的是，对于并购后才暴露出来的问题，绝大多数 MBA 课程，都并不会教你如何去应对。

当并购后问题暴露出来时，你有多种调查解决方案可选。前面各章曾提到，同前雇员或现职员工交谈所能获取的信息，往往远超你的预期。

案情：假作真时真亦假

我们的一个客户收购了一家通信公司——普利藤兹（Pretendz），这家公司营收为 3 000 万美元。该公司被收购次年，其营收就急剧下滑了一半多。我们的客户惊慌之余不知所措，致电我们，想弄清公司收入急剧下滑究竟是怎么回事？

在做了一番有限的法院审查之后，我们决定，最好和普利藤兹现职员工谈谈，看看是否有谁可为我们解释，公司营收为何下滑。当我们联系公司现职员工时，他们多是新人，似乎也不知道公司业绩为何下滑。于是，我们决定找到公司部分前雇员，并和他们接触。其中一位前雇员，向我们透露了事情的原委。很明显，普利藤兹管理团队，听到了公司会被收购的风声，于是迅速为客户实施了一项激励计划："现在注册，全额付款，并与普利藤兹同舟共济半年，你就能享受五折巨惠。"因未就这一让客户"吃了蜂蜜一般"的交易做出披露，普利藤兹管理团队误报了公司盈利。

对策：和前雇员碰碰头

当然，目前尚无一个在线数据库来为你提供每家公司的前雇员姓名。但是，找到曾于公司具体部门或具体岗位工作的、能提供给你所需信息的相关人员才是关键。有时候，我们通过审查媒体文章找到了这类前雇员；也有时候，我们通过在线简历筛查找到了他们。

当我们和前雇员交谈或对他们做任何类型的访谈时，我们的目标不是胁迫任何人承认做了任何事，而是给予他们一次讲述其亲历故事的机会。有了通过访谈收集到的这类信息，我们随后即可考虑个人偏向或动机，譬如：如果一个人说其前老板的不是，是因自己晋职受阻，还是趁机对其前老板"磨刀霍霍"呢？而后我们再去核实其所说内容是真是假。进行到这一步，我们方可恰当评估其在访谈过程中所说的内容是否不偏不倚、实事求是，然后再向我们的客户发回其所需信息。

访谈如何高效化

作为投资者，你知道如何与人们谈息税折旧摊销前盈利（EBITDA）、投资回报率和公司战略举措。和潜在的投资或收购标的的管理团队、对冲基金经理、前雇员、推荐人或有不当行径嫌疑的员工访谈，是一项后天习得的技能。根据我效力于美国联邦调查局时的工作经验，当你做访谈时，你可以对一些重要环节和基本规则按部就班。这些环节和规则包括如下内容：

- 做足功课，有备无患。向他们提问之前，你应该自己先做到对大多数问题的答案了然于胸。诚然，访谈的目的，是给予受访者一次自我辩述的机会，但是只要可能，如果受访者实言相告，至于答案应是什么，你就当有一个大致的预判。测定受访者的诚信度，也是访谈的目标之一。
- 切忌咄咄逼人、针锋相对。如果你知道或怀疑某人干了坏事，提问就必须讲究措辞，以便其最终承认自己做了亏心事。如果你一上来就直截了当地说"我知道这是你干的"，那他就会戒心十足，对你所提问题非常抗拒。如果你看穿了一个人的谎言，切忌直接揭穿说"你在撒谎"，相反，你要用这样的话术："有意思的是，我们发现，居然有人和你同名同姓，其已做破产备案或涉一桩法律诉讼……不知这和你是否存有任何形式的关联？或者，这是否会令你回想起些什么来？"至于对方会向你透露些什么信息，你完全无法预知。
- 从日常话题切入。当你做访谈时，先问一大堆关于某个人的工作经历问题，比如"你是做什么工作的？""你和谁一起工作？""你是什么时候开始工作的？""你以前在哪里工作？"不要一上来就让人仔细回想任何具体细节。这种"千呼万唤始出来"的策略会使受访者对访谈者和访谈过程都感到放松自在，同时还会为你预留时间，以评估受访者；更重要的是，还会令受访者愿意开口和你交谈。访谈开始时，我们不要进入任何艰深的话题。这样，对于访谈者认为哪些内容重要、哪些内容不重要，受访者就会心里没底。当然，访谈进行到一定阶段后，我们会问一些可控的问题，对于这些问题的答案，我们早已心中有数。

- 有的放矢，精准提问。如果你面对的是普利藤兹的拥有者，你就应当问他一些可以将你引向答案的问题，比如"你是怎么想到为客户打折这个点子的？""你是什么时候想出这个点子的？""你为什么会想到这个点子？"以及"这个点子，你们会执行多长时间？"对这些问题的回答，将会引申出更多问题。而这些问题终会将你引向你想要的答案。

- 用心聆听，紧跟节奏。当好一名聆听者。一个人要是撒谎，其所讲故事就必定经不起推敲。你必须用心聆听受访者在说什么，如有虚假故事和言实不符，你就可以应对自如。让对方一直说下去，哪怕这可能会造成双方持续好几秒钟都不吭声的尴尬场面。

- 以二对一，"双簧"上阵。最好同时由两个人对受访者进行访谈。如果你知道本次访谈会举步维艰，或是访谈中会提一些很刁钻的问题，那你就配个搭档，二人一同上阵。其中一人专门负责提问，而另一个人可一边做笔记，一边对受访者察言观色——留意其面部表情、有无斜视、是否抽搐或紧张时的习惯动作。两名访谈者应当留意：受访者手势；回答某些特定问题时，是否正面直视访谈者，是否过度强调特定字眼，是否将胳膊肘立在桌面上托住脸等。大量寻找一个人举止或反应方面的细微差别，因为这些细微差别将有助于引导你对受访者做出结论。有时，只需专门留意一个人的举止，你就会看出他明显是在撒谎。你看刑侦电视节目时，应当见过单向可见玻璃（这种玻璃，在美国联邦调查局工作时我们还用过，但现在我没有）二对一访谈，其实也可达到和单向玻璃同样的效果。
- 话留余地，方便回旋。访谈结束时，问问受访者，如果其突然想起有任何问题要问，或是需要向你做任何澄清时，是否方便给你回个电话，或是重做一次访谈。别忘了，这只是访谈，不是审讯。此种做法允许你对其所做回答进行审查和剖析，或许甚至还能让你得到更多额外信息，以确认这个人所说内容的真假。

案情：放贷遇施"空城计"

一家放贷机构放给杜皮特有限责任公司（Duped, LLC）相当大的贷款额度。但数月后，杜皮特就做了破产备案。这家放贷机构聘请我们为其查明发生了什么。这次，我们又是依靠前雇员查明了情况。我们搜索了求职简历、招聘信息和公司数据库，以找到此前曾于这家破产公司工作的任何员工。我们找到了一些这样的人，并对他们进行了定位。我们首先致电询问了这些前雇员，但一无所获，我们开发不出任何新信息来解释公司如何或为何每况愈下。我们随后找到了杜皮特的一位前经理。我们问他是否了解任何有关杜皮特破产的原因，他只是笑着反问道："难道你还不知道？"

交易关闭之前几周，杜皮特高管雇请了50名不会讲英语的临时工，并租了一大堆过时的电脑和打印机。雇请这些临时工，系有意为之。他们不能用英语交流，自然也就无法告诉该放贷机构发生了什么。佯装勤劳，在岗员工看上去忙得不亦乐乎，且仅当有人来巡视时，他们才会这样故作繁忙。该放贷机构所见的情景是：员工勤勉尽责，设备系统嗡嗡运转。而杜皮特的实情是：眼下倒是暂时掩人耳目、蒙混过关了，但放贷方一走，公司办公室就又会回到之前空荡荡的状态，公司资产负债表依然无法见人。

不过，在破产法律诉讼程序中，该放贷机构是担保债权人，故可挽回其投资。谢天谢地！

投资也可上保险

任何时候，只要我们的客户发现有欺诈或偷盗嫌疑，我们都会建议他们立即知会其所投保的保险公司（这样做并不会造成保费增加）。大多数公司，都买有员工忠诚险。一份普通忠诚险保单的理赔保额都至少可高达100万美元。通常，知会保险公司你可能向其要求理赔之后，你需要于90天内前往该保险公司，告知其目前公司状况。这期间，你需要正式开始对所出现问题展开调查，并向保险公司汇报你的调查结果。（接下来就该我们介入了。）如果通过调查查明，某高管确有不当行径或偷盗行为，而你又有一份调查报告来对该案件进行佐证，那么你的这家保险公司就会依据你的忠诚险保单，对你的公司做出相应理赔，且往往会连你调查过程中发生的费用都一并赔付。

此外，由于情况随时可能说变就变，对你的投资组合公司进行监控，就成了另一种防止欺诈的方法。这意味着，每隔两年就必须对你的管理团队做一次背景调查，持续查阅媒体信息源、博客及其他网上所发布的消息，以确保未出现可能有损于公司的新信息。对你的投资组合公司的动向进行掌控，意味着除了仔细检查其收入来源之外，还有许多其他工作要做。

保护无辜不容辞

投资后所做研究，并非只为解决公司内部问题。有时，一桩交易完成后，尤其是当你本人也未能免于陷入投资困局时，你就只想弄明白，到底发生了什么。

传言蔓延之快，堪比加利福尼亚州的野火，因此，当寻求让某一问题得到澄清时，此类研究往往变得至关重要。我们遇到过一些权力机构或监管机构误告一些个人从事刑事犯罪的案例。如果一个人有不当行径，他的新闻就会"荣登"头版头条，被大肆报道；反之，如果一个人无罪释放，且真系清白无辜，则他的新闻就只会出现在狭缝偏角，被一笔带过。

案情：滴水不漏大骗局

德里克·利吉特（Derek Legitt）是一位企业家，在他即将迎来75岁生日之际，他决定卖掉自己的企业，安度晚年。但几年前，利吉特出现在了一桩证券欺诈案的共同被告人名单之中。

因主犯尼古拉斯·拜杜德（Nicholas Baddude）已致成百上千的人血本无归，这桩案件，引起了全美国民的注意。本次刑事案卷和大量媒体报道均称，利吉特是本次骗局的共犯。尽管利吉特从未遭到正式指控，但只要人们一提到拜杜德，就会拿他和拜杜德相提并论，认为其难辞其咎，于是利吉特也名声扫地。鉴于此，利吉特深知，要成功售出自己的公司，谈何容易，于是他致电我们来助其一臂之力。

我们未从事公关业务，于是向利吉特解释称，考虑到人们会质疑我们所做研究的合法性与独立性，我们恕难直接为其展开调查。于是，利吉特通过其法律顾问出面聘请我们，以便我们能妥善展开深入细致的调查，以查明本次证券欺诈骗局的来龙去脉，并对利吉特究竟有无罪责做出定论。

议论拜杜德的媒体文章，成百上千篇。我们皆一一读遍，发现每篇文章都觉得利吉特和本次欺诈脱不了干系。当审查法院文件时，我们发现，利吉特出现在本桩刑事案件的被告名单上，但他个人从未被指控犯有任何不当行径。我们意识到，真正能解决这一问题的办法，就是开始同本案所涉人员交谈。首先，我们决定最好先让利吉特就所发生之事做出正式陈述。如果其真系无辜受牵连，那为何人们会将他和本次骗局相关联？通过对利吉特做系列访谈，他解释称，当诈骗案发生时，他是某银行的一名高管。拜杜德在利吉特所在银行开有多个账户，而利吉特又是该银行一名高管，于是他也出现在了本次刑事案件的被告人名单中。人人都主观认定利吉特脱不了干系。利吉特一再辩称，他认识拜杜德不假，可对于本次诈骗，他真的一无所知。为确认利吉特所做陈述的真假，我们需要先弄清利吉特知道何时发生了何事。我们要求登入其所有工作及个人邮箱账户，在他前银行同僚的协助下，我们得以审查相关银行文件以及他在银行任职时的旧邮件。

我们的调查员团队花了好几天时间将这些信息归为两类：一类是可能已足以将利吉特送进监狱的信息；一类是可还其清白的信息。在可能证明利吉特有罪的这堆信息中，我们掌握有他同拜杜德之间一系列的往来邮件消息，信件与主题皆与拜杜德银行账户相关。在每一封邮件中，利吉特都毫不含糊，坚持要求拜杜德对其账户状态及资金进出活动做出澄清。而拜杜德的所有回复，都只是顾左右而言他，从不正面回答利吉特的问题。这是我们所查明的唯一能证明利吉特与拜杜德确有关联的信息。

我们随后和本次刑事案件双方律师、美国联邦调查局特工及公诉人碰了面，甚至还见了拜杜德本人——和拜杜德的碰面很有意思。在许多方面，他给人的印象都是，他有能力长久地拖住这个案子，以挣脱对他的欺诈指控，从而令本案不了了之。他感觉有必要向我们透露其无数次都险些被抓的情景。鉴于狱中同一名囚犯座谈气氛凝重，我们向拜杜德提问时，就"穷追猛打"，不断追问他和利吉特究竟什么关系。但拜杜德就说了一句话："那可怜的家伙，他只是被我耍了而已。"拜杜德说，对于他向利吉特所在银行虚构的资金流水名目，利吉特一无所知。虽然，我们不会用"悔于本次骗局中拉利吉特下水"来形容拜杜德此刻的心情，但拜杜德看起来真的对其本次所作所为感到有些沮丧。

对策：抽丝剥茧入里查

我们所有的访谈、会谈和文件分析，都指向了同一个结果：利吉特确系无辜。我们将我们艰辛的调查过程和所做结论，编成了一份书面报告，提交给利吉特的律师。自那之后，当利吉特想要出售他的企业时，他都会告诉那些有意向收购其企业的公司称，欢迎它们同他的律师对本番调查共同展开讨论。他的潜在企业买主，一旦阅毕这份报告———一份由独立第三方出具的透彻报告，就立刻会明白，自己拟购企业的卖主并非一位不诚信之人，心中的石头一下子就会落地，倍感踏实。如果将来仍然有人质疑他，只需要将我们的这份调查报告，往他们面前一摆，他们自然就会明白，原来已有专人通过一番细致审查，还了利吉特的清白。最终，利吉特的企业成功售出。

就利吉特一案所做研究，并未只停留在公共渠道可获信息层面。这些发掘揭示出的信息，是利吉特继续展开其活动所必需的。有了这些信息，他就再也不会有头顶猩红色字母"A"（代表有罪）的错觉了。

看事情，永远不要只看表面。利吉特、杜皮特和普利藤兹的故事，都说明了一点：是否会为查明真相而采取额外措施，将直接决定调查能否取得成功。

Digging for Disclosure | 第 10 章

匿名威胁抓源头

在一个星期五的午餐时间，我当时正在美国西海岸的一家化学公司——福姆化学（FormChem），公司上下一片繁忙景象。科学家和工程师像往常一样，挤进了员工自助餐厅，吃着三明治和比萨。福姆化学的首席执行官吉姆·诺科罗（Jim NoKloo）决定走进员工自助餐厅，同他的员工们聊聊天。当他起身离开一张餐桌前往另一张餐桌时，他的黑莓手机响了。他收到了一封邮件称："如果你不按我说的去做，我就会盗走公司配方，让公司运营陷入瘫痪。"

起初，诺科罗以为，这只是个玩笑或广告垃圾邮件，没怎么在乎。可是，那天晚些时候，他又收到了一封邮件，内容也同样是威胁性的话。诺科罗于是行色匆匆地回到了办公室，把这两封邮件全部再读了一遍。谁才有可能给自己发送这样的邮件？这些威胁是否意味着要对自己动真格的了？他的任一客户，以及生物科技行业的几大头部企业，要是听到了他受到这类威胁的风声，公司辛辛苦苦积累起来的客户基础，就会瞬间崩塌。他大脑转速全开，迅速致电公司总顾问，而后该总顾问又致电了我们。

在一队计算机司法鉴定专家的陪同下，我们来到了福姆化学办公区。

这些邮件貌似从福姆化学一名前雇员的邮箱账户发出。不过，我们很快就得以确定：威胁邮件的发件人一定是公司现职员工，并且发送邮件时，该员工就在福姆化学办公区或是用公司的网络登录在线。为避免打草惊蛇，并确保这次威胁不会让新闻界捕捉到风声，我们暂时停用了远程网络接口。在公司员工悉数离场、各办公室的门都关了之后，我们的团队对公司计算机做了镜像采集。通过对公司特定电脑采集镜像、审查员工上班排班表和参考员工不在场证明信息，我们得以将嫌疑人员范围缩小至6人以内——福姆化学信息技术部的所有员工。次日，我们对这6个人做了访谈。我们先向他们发出了"厄普约翰"警告，要求积极配合我们调查。"厄普约翰"警告是米兰达权利的民间版，此处表示知会这些员工，他们正在接受调查。借助通过访谈收集到的信息，我们得以进一步将嫌疑人员范围缩小到3人以内。

高管收到匿名威胁信件的发生率，远高于你的想象。所有这类邮件或信函，背后都隐藏着一个人的动机和要求。查明威胁的诀窍，在于抓住威胁的源头。

电脑记性胜人脑

电脑镜像采集，是指由一队计算机司法鉴定专家对计算机硬盘做镜像（"司法镜像"）采集。设计这一流程的初衷，是为了在法律诉讼程序中有据可依、经得起细审。计算机司法鉴定专家随后会对电脑中所有文件、邮件和图片进行数据恢复，而后对此类文件、邮件和图片进行审查，看是否存有制造麻烦、会造成潜在损害或会构成威胁的任何证据线索。对于邮件或文件，单纯只是点击"删除"按钮删除的话，并不意味着此类邮件或文件就已彻底不复存在。除非电脑已对文件或邮件进行了覆盖重写（每隔一段时间，电脑就会自动覆盖重写）或电脑装有能真正

> 从硬盘内存删除文本的特定软件，否则此类文件或邮件的文本并没有被真正删除。

按照调查逻辑，我们的下一步工作，是对福姆化学信息技术部余下的这3名嫌疑人员做一些事实取证工作。在收集到的3位嫌疑人员的信息中，有两位的信息中都没有对本次调查有实质意义的任何信息。但是，通过对第3名嫌疑人员凯文·阿克斯特格兰德（Kevin Axtagrinde）进行研究，我们发现其妻蕾拉（Layla）拥有一家临时代理公司。这家代理公司和福姆化学之间订立了一份合同，根据该合同约定，该代理公司向福姆化学提供数据录入员。而这些数据录入员，绝大多数都是非法劳工。同诺科罗交谈之后，我们得知，福姆化学已终止了其和蕾拉的代理公司的关系往来。显然，福姆化学对蕾拉的服务并不满意，于是拒付其所开出的多张发票上累计超10万美元的服务费。

同时，我们还查明，凯文·阿克斯特格兰德在福姆化学办公区附近拥有一套破旧的公寓，并将其租给了那些为他妻子的临时代理公司打工的数据录入员。

对于这夫妻俩，妻子靠提供临时工赚取劳务服务费，丈夫又赚取临时工的房租，妇唱夫随，双双来钱。既然阿克斯特格兰德夫妇对福姆化学现金流从中作梗，那么，此二人向诺科罗发送邮件，看来自有其动机。

我们的计算机司法鉴定专家团队又回到了凯文的办公室，并采集了其电脑镜像。我们发现，凯文电脑上，不仅新增了一个未经公司授权就擅自安装的硬盘，还装有"木马软件"。利用这类软件，凯文可以登入吉姆·诺科罗的电脑，而诺科罗却完全不知情。

有了所有这些证据之后，不言而喻，凯文·阿克斯特格兰德就是我们要找的那名罪犯。经福姆化学法律总顾问同意，我们面见了凯文，并知会其我们的调查结果，他坦白了自己作案的事实。为换取凯文的配合，福姆化学让凯文签了一份文件，声明其将从福姆化学离职，且同意不会向任何人（包括新闻界）走漏风声。而作为其配合的回报，福姆化学同意，不会强迫凯文赔公司一笔钱。凯文离职后，公司运转经营顺顺当当，吉姆·诺科罗在其黑莓手机上查看邮件时，再也不用惶恐不安了。

> **□ 恶劣房东坏德行**
>
> 我们通过审查房产记录，发现凯文·阿克斯特格兰德名下拥有多处建筑物。我们之所以知道这些公寓已被租出去，是因为我们发现了一些关于房东凯文·阿克斯特格兰德的法院记录，他对他的房客提起了民事诉讼，要求将他们赶出他的公寓。

对策：不当行径三要素

从事不当行径的人，往往都会有行欺诈的动机、通道和知识。在本案中，凯文·阿克斯特格兰德的动机是：其妻因10万美元未要到手而耿耿于怀，而他再也没有机会当她的代理公司为福姆化学提供的临时劳工的房东了。后来，我们还了解到，凯文原本希望被提拔至一个更高的职位，但他从未获得晋升。鉴于凯文在公司的岗位角色的特点，他有能力破坏福姆化学的内、外部计算机系统，并可能使他的威胁计划得逞。

> **□ 间谍软件**
>
> 木马软件，亦称间谍软件，是指被秘密安装在某个人电脑上用来监控其电脑操作行为而电脑主人却并不知情的计算机程序。电脑上的间谍软件，是有方法被发现并移除的。

家有内鬼怎么办

我们发现，无论是什么情况，当进行恰当的公司调查时，按一些基本步骤按部就班进行，不无裨益。当你试图查出逻辑上最讲得通的那个嫌疑人时，或试图读懂一本"侦探小说"时，不妨先想想，谁才会有犯罪的动机、通道和知识。这里的"知识"，并不是指普通意义上的知识，而是指一家公司的邮件或信件中那些受到公司信息政策保护的信息或数据。凯文·阿克斯特格兰德就具有关于福姆化学信息技术部运作模式的相关知识，并知道公司网络上所留有的信息具有错综复杂性。"通道"是指一个人有进入公司的实体办公室、翻查会计记录账簿、翻阅人事档案等能力。在凯文·阿克斯特格兰德一案中，凯文侵入公司电脑网络的能力，就是他从事不当行径的通道。而"动机"则是指一个人实施欺诈的动机、倾向或要求。

要准确识别出嫌疑人，并不容易。于是我们始终建议，交由外部相关专家来代为调查。此外，务必记住，要通过顾问来聘请这类专家来进行独立而透彻的调查。如果你自己处理这些情况，你或许会以自己和公司双双受伤收场，比如如果你误告一名员工存有不当行径，那么你就有被反告的风险。除非你以其他方式证实某名员工有罪，否则，必须始终努力假定这名员工是无罪的。了解实情，至关重要。

同时，我们也强烈敦促你限制公司对意外事件的曝光度。调查必须秘密进行。努力别让太多人知道情况，并避免引起任何公众或媒体的注意。调查牵涉的人数越少，就越有利于你公司、越有利于保持员工士气、越有利于捍卫证据的不可侵犯性。最后，要对潜在证据加以识别和分离。甚至，擅自启动员工电脑，都可能会危害到证据的不可侵犯性。准许由调查员去确定什么是（或可能是）证据。对于员工所提供的信息，不要假定它们是可信的。

调查过程中收集到的信息，必须要在法律诉讼程序中经得起细审。对于调查，你必须一次完成，且妥当执行。

面对内部问题时，必须考虑的另一件事情就是公司犯罪通常都会有共犯。诚然，不可否认，有些个人会"单枪匹马"、独自行动，但我们发现，两人及以上实施或制造诈骗案，更司空见惯。在凯文·阿克斯特格兰德一案中，由于我们扩大了调查范围，也调查了其妻蕾拉，所以我们才得以对所发生的事情有全面了解。共犯可能是公司的某名现职员工或前雇员，或者可能是主犯的一位私交朋友或伙伴，这类人有时甚至自己都不知情，就成了从犯。在进行调查时，你需要查看通话记录和独立邮箱账户，以弄清诈骗嫌疑人是否在和一名可能是从犯的人，或是可能为其提供机密信息的内幕人员通信。在我们所有的研究步骤中，我们从来不会将我们的工作局限于调查对象一人身上。要知道为什么，请重温阿克斯特格兰德一案，而该案只是众多此类案例中的一个案例。

最后，请勿忽略你的信息技术部人员。进行背景调查时，客户通常把焦点都放在高管身上，而忽略了信息技术人员。但在你的业务运营过程中，此类人员的角色举足轻重，且实际上他们具有取得你全部私有专属信息的通道。信息技术人员握有进入你隐私"王国"的钥匙。对于信息技术部员工秘密监控首席执行官邮件的案例，我们已遇到过不少。你需要确保，你的信息技术部员工和你的高管一样值得信赖，且不会被人诱使利用其所占有的信息做出伤害你的事。

> **□ 野鸡大学**
>
> 我们遇到过信息技术部负责人称其拥有计算机科学或技术学位的案例。然而我们发现，这类学位不是由线上远程"网校"授予的，就是由野鸡大学授予的。我们始终必须确认一个人的毕业院校是否系国家认可的正规院校。美国教育部官网（www.ed.gov）上，列有一份关于公认的学历认证机构的详细清单，你可以联系这些机构来核实一所院校是否正规。

Digging for Disclosure | 第 11 章

前科嫌犯再遭疑

对模糊信息予以澄清的重要性，以及当问题并不明显，而是有细微苗头时，你该怎么做，前面各章已做探讨。但是，当你发现一个人的背景信息问题很明显时，又该怎么做呢？我们此处所指，并非一丁点儿白色谎言或仅仅是一次夸大，而是犯罪行为。

案情：臭味相投好球友

山姆·瑟普莱斯（Sam Surprise）上了一堂人类学课，下课后，他就前往大学学生中心。和往常一样，他每周三都会买一块火鸡三明治和一杯激浪饮料，然后查看自己的邮箱。当他对他奶奶给他写的信件和关于要在学校大礼堂举行的盛大活动的广告邮件进行筛选时，他发现了他的银行流水。这个月，也就是 10 月，正是慕尼黑啤酒节的月份，有谁可以忍住不庆祝一下呢？山姆也不例外，他和朋友一起泡吧的时候特别多。于是，他决定再查一遍自己的银行流水，以确认自己是否透支或超限。当看到其账户余额时，他一下子目瞪口呆了：竟有 200 343 美元！欧文赛商业公司（Oversight

Commerce）往自己账户存入了 20 万美元。"天哪！这是怎么回事？"他百思不得其解。他迅速将午餐打好包，环视了一下四周，生怕被人发现这一秘密，将这些信件硬生生地塞进了自己的背包。他急匆匆地回到宿舍寝室，砰的一声关好门，就急不可耐地给他父亲迈克·瑟普莱斯（Mike Surprise）打去了电话。

迈克和他的妻子辛西娅住在马里兰的一个低收入街区。迈克已为一家工厂卖命地工作了 15 年，并努力攒钱供山姆上大学。自从山姆离家上学，迈克和辛西娅夫妇就遇上了些困难，但生活勉强过得过去。当然，当迈克接到他儿子的电话时，他的第一反应是，终于可以松一大口气了。他们不再会为钱愁眉苦脸。或许，有谁临终前在遗属上指定了山姆为继承人？也或许，山姆参加了什么竞赛，入围胜出，赢得了头奖？没过几分钟，迈克总觉得哪里不对劲儿，他的现实主义意识，很快就将他从浪漫主义的美梦中拉了回来。他告诉山姆，要对这笔"飞来横财"保密，然后就挂断了电话。

现在，迈克"羽翼丰满"了，不再是你工厂的普通打工仔了。他在搬家至马里兰并和辛西娅（Cynthia）成婚之前，就在一次丑闻事件中被抓了个现形。由于他和一些高中生同伙直接加入了一个洗钱团伙，曾在联邦监狱里度过了好几年。你可以想象得到，当迈克刑满释放时，要找一份工作，得有多难。要"擦去"其囚徒的恶名，就更是难上加难了。迈克挂断山姆的电话后，他脑海中那些早年的记忆，就像自动收报机的纸条一样，一下子都一一浮现了出来。对于这笔"飞来横财"，迈克有两个选择：要么向银行问清这笔钱的来源，要么干脆直接花掉，并寄望于无人能发现。迈克和山姆父子俩都选择了后者。

一晃 3 个月过去了，那时山姆对自己每月的银行流水相当满意。每个月他都会收到欧文赛商业往自己账户存入的 20 万美元。钱一到账，他就立马转走。圣诞假期临近时，邻居们开始注意到，瑟普莱斯一家过上了优渥的生活。在圣诞节前 4 天，辛西娅·瑟普莱斯在家做饭时，接到了一位调查员打来的电话："你好！我是一名私家调查员，我叫乔治·巴斯科尔博格（George Buzzkillberg），正在为一家金融机构工作。我想和你儿子山姆谈谈，请问他在家吗？"辛西娅听后，她的面部表情一霎间就凝住了。事实上，那一刻，她全身都僵住了。辛西娅吓得说不出话来，挂掉了电话。但巴斯科尔博格吃了闭门羹后，并未马上就放弃。那天他又打了 2 次，然后隔天又打了 3 次。辛西娅告诉了迈克调查员打来电话的事，但迈克装作没听见。"别再给我提那个可恶的家伙。"他反倒一再劝辛西娅住嘴。最终，辛西娅的判断力，让她克服了自己的恐惧。对于调查员打来电话的事，她再也不能坐视不管了。她接听了巴斯科尔博格打来的其中一个电话，告诉他半小时后在一家路边小饭店同迈克、山姆父子见面，并编造了一些无厘头的理由，把父子俩骗去这家小饭店。

巴斯科尔博格一眼就看出了谁是迈克和山姆——正赶往这家小饭店的一辆黑色劳斯莱斯幻影轿车里的那两个人。迈克身着一套高档西服，披金戴银。当他从其豪车里出来时，身后尾随着两只杜宾犬。巴斯科尔博格于是朝这父子俩走去。

"你没有带上调查授权证吗？'呵呵'，那我们就没法和你谈。"迈克·瑟普莱斯一副高姿态地对巴斯科尔博格说道。山姆在一旁默不作声。

巴斯科尔博格凑近迈克耳语道："我相信，你们都明白，年轻人要是犯了错，是会如何影响自己一辈子的。"迈克瞅了瞅旁边的儿子，再看了看面前这位调查员，然后对山姆说："你就把你知道的都告诉他们吧！"

山姆于是一五一十地把事情的真相都告诉了巴斯科尔博格。山姆一再重申，至于这笔钱从何而来，以及为何这笔钱会汇给自己，他一无所知。巴斯科尔博格问山姆或迈克是否认识什么人在欧文赛商业公司上班或是曾与这家公司有过任何业务往来，父子俩异口同声地回答道："不认识！"

欧文赛知道，这些钱转到瑟普莱斯的银行账户，系欺诈行为，于是聘请巴斯科尔博格查明谁是幕后真凶。巴斯科尔博格向其办公室做了情况汇报，并和其客户——欧文赛商业公司的高管进行了交谈。尽管巴斯科尔博格已发掘出一些迈克·瑟普莱斯的信息，令欧文赛甚是欣慰，但是迫使迈克和山姆父子愿意开口说话的杠杆工具，以及对山姆·瑟普莱斯的访谈，都不能真正为本次调查带来曙光。

巴斯科尔博格随后开始对欧文赛 4 名负责电汇的人员进行了背景调查。在对存档媒体文章进行筛选的过程中，巴斯科尔博格注意到欧文赛的一名员工瑞恩·凯奇（Ryan Catch）高中时的照片。照片中，瑞恩·凯奇同他的篮球队友一起站在中学礼堂前。照片标题为"瑞恩·凯奇和山姆·瑟普莱斯炫耀扣篮技巧"。啊哈，真的是有自知之明！

欧文赛和巴斯科尔博格就下一步如何行动进行了探讨。由于看来瑞恩·凯奇已经参与了严重电汇欺诈事件，欧文赛有法律义务联系相关权力机构。他们已不打算让瑞恩·凯奇在公司再待下去。有权力机构协助，瑞恩·凯奇不但会被捕，还会受到相应指控。而欧文赛可以提起诉讼，并挽回部分被盗资金。巴斯科尔博格将客户的目标谨记在心，去见了美国联邦调查局的特工。特工告诉他说，对于瑞恩·凯奇的案子，他们饶有兴趣。

在欧文赛的办公区，巴斯科尔博格对瑞恩·凯奇及在电汇部工作的其他 3 名工作人员做了访谈。当然，其他 3 名员工对本次事件一无所知。当巴斯科尔博格同凯奇交谈时，凯奇拒不承认对本次事件知情。每次巴斯科尔博格向凯奇亮出他和山姆·瑟普莱斯有关系往来的证据时，凯奇只是一口咬定说："我什么都不知道。我要说的就这些了，我不会改变我的说法。"巴斯科尔博格告诉凯奇说，他有个电话非打不可，于是，说了声"抱歉"后，就走出了房间。美国联邦调查局特工看护在凯奇左右，那时足以逮捕凯奇的证据，无论是本案的证据，还是另一桩欺诈案的证据，他们都已收集得足够多。凯奇至今都还在美国联邦监狱服刑。至于迈克和山姆父子，他们也属于美国联邦调查局本次调查的对象范围，美国联邦调查局所得出的结论是：尽管迈克·瑟普莱斯和瑞恩·凯奇是高中时的球友，但迈克和山姆都对凯奇所行骗局一无所知，因此，美国联邦调查局并未将此父子二人视为从犯。凯奇将欧文赛的资金，随机地转到一些银行账户上，也包括瑟普莱斯的银行账户。他除了觉得自己能侥幸取走这些钱以外，本次作案并无其他特别的原因。

对策：蛛丝马迹媒体中

在本故事中，巴斯科尔博格的原型，其实就是我本人——肯尼思，只是本人略逊罢了。在山姆·瑟普莱斯和瑞恩·凯奇的故事中，我们依靠我们的研究技能，查明了迈克·瑟普莱斯的背景（不然，迈克·瑟普莱斯也不可能会开口和我们说话），并将瑞恩·凯奇和迈克·瑟普莱斯二人关联起来。

许多人以为，使用谷歌快搜或阅读近期媒体文章，就能满足其尽职调查之需。这样做固然有用，但你需要全面搜罗媒体文章才行。我们除了在互联网上使用多个引擎进行搜索以外，还会用到4个不同的媒体数据库。通过这些媒体数据库，我们找到了20世纪60年代的文章，而这些年代久远的文章，为某起调查提供了线索。在迈克·瑟普莱斯一案中，我们正是通过媒体搜索，找到了一篇很久以前的文章。这篇文章将迈克·瑟普莱斯和瑞恩·凯奇（本案犯人）二人关联在了一起。我们所用的主要媒体信息源是万法（汤姆森路透社及其旗下其他刊物）、法克提瓦（道琼斯公司旗下刊物）、彭博（聚焦金融投资的刊物）和律商联讯（几乎涵盖其他所有领域）。

在本案中，由于欧文赛受其所在州和美国联邦银行业部门监管，该公司有法律义务向执法部门知会瑞恩·凯奇的情况。有些公司制定了要求他们引入执法的公司政策，美国大多数州或美国联邦机构监管下的公司，就属于这一类型,而其他公司选择这一做法,是为了杀鸡儆猴,向员工释放公司对欺诈持零容忍态度的信号。

案情:"忠诚"雇员盗上瘾

某家公司的一名女员工坦白了其盗用公司资金的事实。这名员工名叫佩内洛普·巴克斯(Penelope Bucks),她在向公司董事会所做坦白中解释称,其只盗取了10万美元,但她盗走的这些钱全因嗜赌输光了。巴克斯对董事会表示悔恨与自责,并称其将尽其所能,归还这笔钱。这家公司通过其外部顾问聘请了我们来为其确定巴克斯是如何盗走公司资金的(以确保她和其他任何员工都无法再盗用公司资金),以及她是否系单独作案,并核实巴克斯关于只盗取了10万美元且随后全被花光的说辞是真是假。

该案案情相当复杂。由于佩内洛普·巴克斯业已坦白自己盗用资金之实,公司告诉她称,我们将对相关情况展开调查,让她给予配合,且决定暂且不起诉她。每周我们都会和巴克斯交谈,并找她要这个或那个账户的银行流水,然后会让她对某些特定的资金进出账活动进行解释。我们动用了我们的内部情报分析师,外加几位法院会计和测谎专家助阵(稍后会详细介绍)。

佩内洛普·巴克斯已为公司工作多年,并被认为是"值得信赖"的资深员工。我们发现,有些董事会成员向巴克斯的个人银行账户存过钱。我们不得不仔细查清,她和这些董事成员分别是什么关系,以确认董事会成员是否无一人牵涉巴克斯的这起盗窃案(确无董事涉案)。

由于我们让巴克斯签署了一份授权函,所以,我们能对她的消费信用报告进行审查。当查询巴克斯的信用报告时,我们发现,大西洋城三家赌场——哈拉斯、特朗普泰姬陵和热带花园曾查询过她的信用报告。一个人在赌场参赌扑克、21点和轮盘赌时，如用"信用卡"支付，那么赌场就可以在征得其本人许可的前提下，查询其个人信用报告，以确认该人有无能力偿还赌场的钱。每次机构查询一个人的信用报告时，都会留下痕迹。所以，当看到这三家赌场查询过巴克斯的信用报告时，我们就知道，她到这些场所赌博了。这确认了巴克斯关于其嗜赌的陈述属实，并帮我们将巴克斯参赌的实际地点范围缩小。

我们每审查一次巴克斯的银行流水，就会发现，她盗用的钱比她当初坦白的盗用金额要多。一周又一周，我们继续对她提交给我们的银行流水进行调查，而她提供的每份银行流水，都会让我们不由得问她更多问题，并向她索要更多文件。如果她提供给我们的银行流水是美联银行的，我们就会发现，她存入花旗银行账户的钱，并未向我们透露。我们电询巴克斯其花旗银行账户的事，她就会故作突然回想起来之态回答道："噢，是的，是的，我确实有花旗银行账户……"然后会将这个账户的银行流水发送给我们。这样的情形，前前后后发生过好几次。巴克斯并非一名盗用公款的老手，她所有的交易都是用信用卡支付或预付现金支付。

最后，我们发现了巴克斯所用的信用卡（她共有7张卡）及银行与经纪账户（她共有4个账户）之后，就立马对她盗用公司资金的金额进行了汇总。我们发现，其合计盗用金额，远远超出其承认的10万美元。我们最终确定，巴克斯实际盗用金额高达100万美元。

同时，通过分析巴克斯的银行账户，我们还发现，她向其前夫名叫"生面团"的比萨店转过许多钱。这令我们的调查工作，又多出一大堆研究任务来。我们无法进入生面团银行账户或那些只有她前夫才能访问的通道。由此一来，我们仅能对巴克斯银行账户里的留有资金进行追踪。我们开始对巴克斯前夫的生活方式和生面团的经营状况展开调查。通过这种做法，我们审查到了她前夫名下登记的车辆和船只，并发现他驾有一辆奔驰和一辆宝马。我们也对生面团进行了监视，以确定：这家比萨店是一直门庭若市（忙则可能表明餐馆很赚钱），还是门可罗雀。我们发现答案是后者。我们还亲自前往生面团，买了几块馅饼，然后付钱到一张信用卡里。此举的目的是让我们能在自己的银行流水中看到这笔扣费具体会显示什么名目，从而使我们能够将巴克斯信用卡银行流水的明细条目和通过生面团形成的消费记录关联起来。我们做完了所有研究，并未发现巴克斯的前夫有其他任何收入来源，来证实他有同时购买两辆豪车的能力。

巴克斯和其现任丈夫育有一女，芳龄才十几岁。我们发现，在巴克斯对其盗用公司资金一事坦白之前的 8 个月期间，其爱女从一所公立学校转学到了一所私立寄宿学校。最后，当审查公司账簿时，我们发现，佩内洛普·巴克斯 92 岁高龄的母亲住在一家临终关怀中心，而服务费用是从公司为她母亲所付工资中支取的，这令公司董事会瞠目结舌。

有了我们收集到的此类诸如女儿上私立学校、向生面团转账、为她母亲开工资等之类的信息，我们就去面见佩内洛普·巴克斯。我们问她，是否愿意接受对她做一次测谎仪测谎，以确认她当初向董事会所做陈述及其随后于我们调查过程中向我们所做供认内容的真实性。我们同一位美国联邦调查局退休特工有私交关系，他是一位测谎仪操控专家。我们致电他，拜托其亲自"出马"帮助我们调查。

通常而言，尽管美国部分州确实允许使用测谎仪测谎，但这种做法在法院中是不被允许的。到底可与不可，具体须视情况而定。不过，我们发现，测谎仪不是一款用来确认一个人有罪的工具，而是一款用来归还一个人清白的工具。操作测谎仪测谎的规则，相当严格。必须要怎样提问，都有具体的准则。测谎流程有以下三大环节。

第一个环节：你要先做预访谈，受访者需签署一份同意书，同意接受测谎仪测谎，随后会问受测人一些广泛的问题（如姓名、出生日期、家庭地址之类）和一些具体问题。这些问题在测谎仪测谎的第二个环节中大都能派上用场。第一个环节的预访谈，基本上会给受测人一次知道会问自己哪些问题的机会，同时也会给测谎员一次确定受测人是否有能力接受本次测谎仪测谎（即精神健全）的机会。

第二个环节：问受测人大量可控问题（这些问题，大都已在预访谈阶段问过），而后测谎员就可以确定，受测人对这些问题的回答，是否存有任何假话。

第三个环节（也是最后一个环节）：告知受测人其在第二个环节中的表现如何，并且如果这个人已有任何说谎的迹象，就给其机会对第二个环节中的某些回答做出解释。最后一个环节最关键，在这个环节中，大多数人都会坦白，自己犯下了什么罪行，或有何不当行径。

佩内洛普·巴克斯完成了测谎仪测谎的所有三个环节。在第二个环节中，我们的测谎员发现，她讲了假话。而当测谎员围绕这些假话向她提问时，巴克斯硬是一口咬定，本次资金盗用系其一人作案。在测谎仪测谎的第三个环节中，她最终还是坦白，她将自己耄耋之年的母亲的名字，添加进了公司工资册里，寻思着，要是哪天她老母亲在临终关怀中心去世，她就能获得一笔医保理赔金。巴克斯还一口咬定，她所盗来的钱，系由其一人花光。当我们将生面团银行账户及其前夫酷爱德国车型的相关信息撂在她眼前时，巴克斯方才承认，她起初给前夫转钱，是为了封他的口，以免将她作案的秘密泄露出去。巴克斯一再重申，她因嗜赌输光了所有的钱，后面再未向其前夫转过钱。而当被问起其爱女转学私立学校一事时，巴克斯称，她用现金支付的女儿学费，而且现金支付是她能供得起女儿上私立学校的唯一方式。巴克斯让我们联系学校教务长，教务长确认，巴克斯确实是用现金支付她女儿学费的。在测谎仪测谎的第一个环节中，测谎员就注意到巴克斯已在撒谎。直到测谎仪测谎的最后环节，巴克斯才坦白了那些我们认为属实的情节。

真相终于浮出水面，我们的客户——雇了巴克斯的这家公司心中的石头终于落地，它如释重负。毋庸多言，它终止了同巴克斯的劳动合同，并让她签署了一份协议，声明其将会偿还这些年从公司盗走的钱。在本案例中，虽然巴克斯已刑事犯罪，是板上钉钉的铁定事实，但是公司不想将自己牵扯进法律诉讼之中，以免冒局面失控的风险，或是成为不必要也不想要的宣传对象，故并不想对她提起刑事诉讼。公司董事会认为，巴克斯本次作案，系因缺乏自制力才越陷越深的，并非真正传统意义上的"罪犯"。

对策：信用记录梳一梳

只有当一个人签署了一份授权函时，我们才能对其消费信用报告进行审查。这是依据美国《公平信用报告法》规定实施的法律限制。当我们取得了调查对象的授权函时，通过审查其消费信用报告，我们就可以弄清这个人持有多少个分期付款账户或循环额度账户，以及这些账户有多少余额。同时，如在佩内洛普·巴克斯一案中，我们还可以弄清某个人的信用报告还被其他哪些机构查看过。这类"查询记录"，通常会向我们透露一个人资产结构方面的诸多信息。对于佩内洛普·巴克斯，其信用报告曾被多家赌场查询，本身就是一种警示信号，这表明其所承认的嗜赌问题属实。

案情：故作高端大骗子

我们曾有一位客户是一家航空创业公司的投资方。该航空公司名叫"天真航空"，并已获得了投资者数百万美元的投资。作为项目进展的证据，以及为了让投资者随时了解到项目最新动态，天真航空将需要向投资者提供其所购机型的机尾编号。

天真航空向我们的这位投资者客户付过多笔款。他试图将其中一笔付款取现，但支票被拒了。于是，这名投资者致电我们。

我们首先只是追踪飞机机尾编号，认为若发生最坏情况，投资者至少能将购机成本挽回。当我们发现天真航空所提供机尾编号无法匹配任何航班的飞机时，我们才知道投资者这次遭遇的麻烦比预想的情形要糟糕得多。

> **□ 美国联邦航空管理局**
>
> 美国几乎所有的飞行员和飞机信息，都保存在美国联邦航空管理局。一架飞机在正式飞行之前，联邦航空管理局都有该架飞机及其飞行员的相关信息。我们向联邦航空管理局核实后发现，这些机尾编号的飞机，纯属子虚乌有。

于是，我们以对天真航空的拥有人进行背景调查为切入点，来展开我们的调查。这位拥有人名叫沃利·威克德（Wally Wicked），45岁上下。威克德成年后的第一个10年的度过方式，和其他勤奋的人并无二致。他卖过百科全书，但他和其他销售员有别。因犯电汇与邮件欺诈罪和盗窃罪，其成年后第一个10年的后5年，是在联邦监狱中度过的。被刑满释放监外执行后，威克德就立即去申请了个人破产备案。

但所有这些，都是陈谷子烂芝麻的旧事了。

当下，威克德正试图洗心革面，做一个创新观念十足的"良民"。他创立了一家定位高端的航空公司，美其名曰"天真航空"。威克德对天真航空怀揣伟大梦想。在其私募备忘录中，他大吹特吹称，天真航空要执行其商业计划，将会有一个集团公司网做其强大的后盾。

这里所说的强大的天真航空集团公司网，包括以下所有公司（我们所发现的每一家公司相关信息，以楷体表示）：

- 德特（肮脏）航空（Dirt Sky）。一家将会向天真航空提供技术支持的公司。该公司的拥有人是威克德的弟弟，其也曾因洗钱罪而坐过牢。
- 克鲁克（恶棍）航空（Crook Sky）。一家将会向天真航空提供空服人员和飞行员的公司。这家公司的拥有人是威克德本人。
- 复吉（逃犯）航空（Fugi Sky）。一家将会协助天真航空编排航空时刻表的公司。这家公司的拥有人也是威克德的弟弟。
- 萨格（暴徒）航空（Thug Sky）。一家将会为乘客提供往返机场枢纽和登机口之间摆渡服务的公司。这家公司的拥有人是威克德最好的朋友——威克德因欺诈罪坐牢期间结识的狱友。
- 互利根（流氓）合伙企业（Hooligan）。天真航空的律师事务所。互利根先生是威克德的律师，他曾因美国俄克拉何马州一桩借贷崩盘案的欺诈行为而遭美国货币监理署制裁，并且威克德进行私募发行时，他还正在接受调查。

当然，当一名投资者第一次读到这份私募文件时，文件并未显示威克德或天真航空和这些其他公司之间有往来关系。

这个已然足够复杂的骗局，似乎还不足以令一名罪犯忙得不可开交。于是，威克德忙里偷闲，把自己也包装成了证券商。利用这一角色，威克德将一些虚构实体（这里的清单中已列出其中部分实体）的公司票据售给了投资者，并向他们承诺，只要投资就有回报。

调查完成后，我们查明了威克德究竟在忙些什么。我们的这位投资者客户，立马就做出了明智之举——聘请了一名律师，他的顾问将我们的大量研究结果提呈给了监管机构。我们还了解到，这名顾问正在对足够多的威克德相关信息进行汇编，以便对他提起刑事诉讼。威克德吸引到的投资者——私人投资者、上市公司以及知名金融机构不计其数。诚然，在这些投资者中，当初要是有谁想过要彻查威克德的过往的话，那么他们就会发现，他有欺诈前科，并会了解到他同私募备忘录中所列彼此冲突的各公司之间的关系。最终，威克德成为当时获刑最重的一名白领罪犯，其刑期逾29年。一个大陪审团裁定，他犯有阴谋罪、邮件欺诈罪、电汇欺诈罪、洗钱罪和逃税罪多项罪名。现在可正式定性：威克德系罪犯，其行为系犯罪。

对策：连点成线渐清晰

这虽算不上什么秘密，但仍需要反复强调：独立思考、自行分析。对于这一点，我们已经强调了不知多少遍。在本书探讨的所有故事中，我们之所以最终都能为每个案件做出符合逻辑的结论，正是归功于数据分析。处于真空中的信息，一文不值。要是我们未对沃利·威克德的背景以及他与其私募备忘录中所列其他所有此类公司的关系进行一番彻底调查的话，他的这些荒唐行径，就无法被人们发现。

> **□ 华尔街丑闻**
>
> 肯尼思记录：我效力于美国联邦调查局期间，花了数年时间，对那些棘手的华尔街犯罪案进行调查。20世纪80年代，发生了一起大诈骗案。通过我们的一番调查，最终有10名人员对其参与涉案金额高达1 700万美元的投资骗局的事实供认不讳。该案的导火索是华尔街的一位员工将某头部金融机构的股息支出账户中的资金盗走。逾30名特工组成了一个侦查组。我们花了数月时间进行事实取证，以查出本次案件的主犯。不计其数的访谈、监视协调、情报分析、法院审查、为大陪审团编写事实材料以及审讯准备，都是我们的必做功课。本案最终成了当时美国有史以来白领犯罪被判刑期最长的一桩案件。在犯罪所涉各方当中，有一人被判监狱服刑15年。

Digging for Disclosure | 第 12 章

检举热线益处多

　　企业风险管理系非常棘手之事。公司和投资者都力图做好自我保护：一方面，要避免陷入规模庞大的麦道夫庞氏骗局；另一方面，要避免掉入更常见的小规模欺诈圈套，诸如供应商居心叵测、分包商别有用心、高管恣行性骚扰、盗窃知识产权、盗用公司资金、流氓交易员瞒骗上司并与公司政策背道而驰等。即使你对公司里的每位员工都做了背景调查，你又何以知道，他们中就不会有人对你施行某种形式的欺诈呢？

　　2009年，美国注册舞弊审查师协会宣布了一项研究结果，称企业欺诈发生率正呈上升趋势。此外，其所研究的欺诈案，多数皆因员工盗用公司资金造成。如果欺诈发生于公司内部，那么你就需要找到一种方法，在欺诈发生前就将这类欺诈扼杀在摇篮之中。检举热线，就是可减少公司内部欺诈的众多工具之一。

　　"检举人"一词已成热门词语。无论是上市公司，还是私营公司，无不在议论检举热线之益，并且，2009年《美国复苏与再投资法》（American Recovery and Reinvestment Act）中，就有一条检举人相关规定。那么，检举热线有哪些益处呢？公司又该如何实施这一举措呢？此类热线真的可以降低你的欺诈风险吗？

案情：猖獗骗子如鼠行

某大型零售店的一位投资者致电我们，称其发觉自己被骗。但是，由于正在运营的零售店超过 100 家，他无从知道本次欺诈发端于何处、止于何处。于是，我们和这位投资者以及公司董事会碰了面，决定全方位展开调查。

首先，凡是公司开有便利店的城市，我们都会派出一队司法会计和监管专家。这些专业人士取得了关于公司内部可疑管理人员和外部可疑供应商的情报，并参与了其他调查研究活动，以便找到问题的根源。

通过这些努力，我们发现欺诈行为甚是猖獗。有一天晚上，在审计即将结束时的最后一刻，我们的监管团队惊讶地发现，半夜三更之时，竟然还有员工潜入商店"查漏补缺"，一个劲儿地往货架上回塞商品，以免被审计师发现少了什么商品或有什么可疑活动，而后，审计一完成，这些员工又会将这些"查漏补缺"时放回去的商品挪走。

在该连锁店公司的每一家便利店，吃拿回扣、损公肥私、虚假陈述、财务造假，几乎时刻都在发生着，连公司总部也未能例外。我们决定，下一个调查步骤，就是"在癌细胞扩散转移之前找到癌症的源头"。

对策：检举热线好帮手

为找出"病根"，我们决定在公司总部和各家便利店均开通匿名检举热线：电话举报或邮件举报均可。首席执行官向便利店员工解释称，他们如有任何关切担忧、投诉抱怨或受气受挫，均可通过拨打免费热线电话或向指定邮箱地址发送邮件来匿名倾诉。不到一周，就有 12 名员工拨通了公司检举热线或是向公司指定邮箱发送了邮件。他们向我们讲述了其目击的各种可疑活动的故事。通过这些员工的诉说，我们得以找出并记录欺诈的源头，并协助投资者执行公司检视与制衡新政策，以防止不法行为再度发生。

黄金时间举报多

通过匿名举报来帮我们揭示公司内部窘境，这已不是第一次。安然公司前副总裁莎朗·沃特金斯（Sherron Watkins）揭发安然财务造假，以及美国联邦调查局前首席法律顾问科琳·罗利（Coleen Rowley，其曾于"9·11"事件发生前参与调查扎卡利亚·穆萨维恐怖袭击威胁）向美国联邦调查局局长举报，美国联邦调查局在"9·11"发生前一个月逮捕穆萨维的不当举动，令美国调查人员丧失了揭开真正恐怖阴谋的机会，都是美国家喻户晓的检举人故事。诚然，在这两起检举事件中，损害已然发生，且规模更大、曝光度极高，但是许多公司和机构都发现，如果在问题爆发之前就实施匿名举报机制的话，它会发挥更大的作用。

最近一个家喻户晓的检举人，是2008年挺身而出揭发由托马斯·佩特斯（Thomas Petters）及其佩特斯股份有限公司操盘的涉案金额高达35亿美元的庞氏骗局的那位检举人。事实上，"捅出"佩特斯的那位检举人，恰恰正是佩特斯最信任的同僚之一。本案谜团得以揭开，归功于一番错综复杂的调查。通过调查，托马斯·佩特斯于2008年10月被捕。2009年12月，佩特斯被判犯有邮件及电汇欺诈罪、阴谋罪及洗钱罪等共20宗罪。

建筑工地设有免费电话，以方便分包商能对不当行径进行匿名举报。在大学校园里，蓝色电话亭随处可见，以便大学生能对可疑活动进行举报。当检举热线被妥当使用并作为一种检视与制衡制度时，无论是员工还是公司董事，其需求都能得到满足。这包括对通过检举热线备案的所有投诉保持匿名，并确保由独立第三方来负责投诉电话接听及审查。如果员工感觉投诉接听人知道自己是谁，或其知道投诉接听人是谁，他们就不大可能对可疑活动做出举报。再者，员工向某个人进行当面投诉，远比语音留言要省事许多，美国注册舞弊审查师协会的调研结果就证明了这一点。当你有一家独立第三方来为你负责接听检举热线时，员工就会敞开心扉、畅所欲言。当然，我们不主张出言不逊。同时，检举热线电话也应开通多语言服务功能。并且，由于员工大多数要下班后才会拨打举报电话进行投诉，检举热线应 7×24 小时畅通。

检举热线除了作为一种预防措施外，也会在公关方面有益于公司。由于投资者会将检举热线和道德守则政策视为理想的合规工具和现代版意见箱，因此，一家公司如有这类计划，则其在寻求被收购时就会更具吸引力。同时，此类检举热线也符合《萨班斯－奥克斯利法案》规定。如果检举热线已开通到位，而某员工却称公司存有诸如性骚扰之类的不当行径，那么公司董事会和高管就有权追问这名员工，为何不拨打检举热线进行投诉，并由此质疑其所做陈述的准确性。

在工作场所引入检举热线，不再被视为有损员工士气的"老大哥"举动。开通检举热线，就是向员工释放出一种信息：高管、投资人和董事会成员都关注其在公司的专业经验和任期。检举热线会提升公司上下员工的忠诚度和团队精神。对投资者和董事会成员来说，检举热线为他们提供了了解某家公司办公室文化及日常发生之事的通道。当然，举报欺诈还可获得额外的欺诈预防奖金，此举通常是一项鼓励员工举报的主要激励措施。

Digging for Disclosure | 第 13 章

律师照样需外援

我们会定期和法律界人士共事，不仅协助他们展开司法调查和采集计算机镜像，还弥补了通常由律师助手执行的案头研究工作的不足。作为信息检索领域的专家，那些谋求识别一个人的资产，对证人进行定位，收集潜在证人或诉讼对方的情报，寻找、定位和访谈前雇员以进行预先访谈的律师会经常聘请我们。我们向客户提供的信息，为其在仲裁案件和法律诉讼中的谈判提供了杠杆筹码。

我们得出的经验是：收集商业情报，是开发出重要信息的关键一环，具有左右某一法律案件的发展方向的能力。在一桩案件中，某家公司的一名前雇员，指控该公司欠他钱，一家律师事务所担任这家被告公司的辩护人。这家律师事务所聘请了我们，以对该前雇员（原告）做额外研究，以弥补其所做案头研究工作的不足。我们发现，这名原告起诉前雇主，是其一贯做法。在过去 10 年中，他就曾 3 次向联邦法院起诉其前雇主。通过研究，我们还发现，原告学历造假，且在其最初的求职申请和简历中，并未列出这两家前雇主。此类重大事实，连同我们在研究过程中发现的其他线索，在律师为被告公司做辩护的过程中，助了他们一臂之力。在此类案例及其他案例中，我们为客户找到了可以揭穿证人虚假陈述的信息。

我们也和律师共事来帮助他们识别一个人的资产。如果一家律师事务所为某家银行做辩护，该银行请律师的目的是让借款人偿还银行贷款，而借款人却称其已破产，于是这家律师事务所会聘请我们，想弄清借款人是否真的因一无所有而无法偿还银行贷款（详见第15章，对于此类案件，资源十分充足）。通过进行创造性的思考，我们会运用房产记录、公司记录、法院判决和留置权索引、美国税务法院记录、竞选活动捐款及车辆登记信息。当某个人是一家上市公司的高管时，我们就会使用内幕交易数据库，来追踪这个人所持有及卖出的股票或期权等信息。

案情：自吹自擂"破产"者

一家律师事务所致电我们，由于有个人声称他们的客户———家投资公司动过其账户，想聘请我们赶在仲裁听证会举行之前对此进行研究。这个人对该投资公司提请了仲裁，指控该公司利用了他的天真善良使其蒙受了巨大经济损失，导致他生活状况恶化，以至于落魄到居住在一间根本不宜住人的公寓里。

首先，通过审查其房产记录和根据美国《统一商法典》（Uniform Commercial Code，UCC）规定所做备案，我们确定，这个人在曼哈顿第五大街的一栋知名大厦里拥有一套豪宅。

为了进一步确定这个人自称其不懂股市、全靠其经纪人代为操作的说辞的可信度，经客户顾问同意，我们对这个人做了实地监视。结果表明，此计划是最明智的决定。我们发现，这个"天真、善良"的人在一家酒吧向其身旁一群人大吹特吹，称其股市实战经验是如何丰富。我们秘密地拍下了这一场景，没过几天，这个人就主动撤回了其仲裁申请。

> ▫ **纽约的大都市生活**
>
> 在纽约市，许多楼房都是共有产权房。这类共有产权房，系由多家公司共同拥有。当你购买一套共有产权公寓时，从技术上讲，你不是在买真正的房产，相反，你是在购买一家私营公司的股票。如果你拥有一套共有产权公寓，就不会查到能反映出你对此类公寓的所有权的房产记录。我们确定某个人是否在曼哈顿拥有一套共有产权房公寓的初始方式，是审查根据《统一商法典》规定所做的备案。这些备案会反映出财务关系。如果你有共有产权公寓按揭贷款，就很可能表明其已根据《统一商法典》规定做了备案。反之，自有产权公寓被视为真正的房产（当你在纽约市购买一套自有产权公寓时，你会得到房契），而且公众可以查到房产记录，这些记录会显示你购买一套自有产权公寓时的房产拥有人姓名、购买价格、购房合同日期及有关本次房产交易的其他详情。

案情：助力律师做调查

在好几个案例中，我们都建议我们的客户通过其外部顾问来聘请我们，以便能在调查过程中取得一些特权。其中的一个案例是：一个投资者团体对一家德国公司饶有兴趣，于是通过他们的律师事务所聘请了我们。投资者按其律师提交给我们的文件中的计划，同这家德国公司的主管赫尔·霍克斯（Herr Hoax）碰了面，并对他开发出的一种媒体新形式——将《惊险岔路口》系列书籍的概念搬上电视屏幕饶有兴趣。在每个犯罪电视节目的片段临近尾声时，主角是继续冒险、去一座在那里将会发现未知乐趣的新城市旅行，还是可能为节目中另一个角色所欺骗，观众都可自主选择。

投资者和其律师一同出差前往德国，对他们初步遴选出来的几个点子一看究竟，然后，他们被深深吸引住了。由于赫尔·霍克斯在媒体行业从业多年，他告诉投资者，其电视界所需人脉均已全部打通，这些人脉可以协助他将这一点子带到美国来。

律师审查了其公司相关的一切文件，但出于某些原因，他们觉得自己并未明白赫尔·霍克斯究竟是怎样的一个人，于是请我们为其做尽职调查。我们派出了我们德国的线人，他们很快发现，赫尔·霍克斯创办这家公司之前，尚不曾涉足媒体行业。那么，赫尔·霍克斯之前是从事什么行业的呢？答案是专玩资金游戏。那他为何要向投资者隐瞒实情？因为德国联邦金融监管局已禁止赫尔·霍克斯从事任何投资活动。

通过我们在德国和英国的线人，我们得以对赫尔·霍克斯的个人经历进行"拼图"：他在被指控逃税之前，在英国担任资金经理。在这期间，他将其所营业务的阵地转移到德国。在德国，因其业务看起来像庞氏骗局，于是很快就引起了德国联邦金融监管局的注意。截至那时，我们的投资者已和赫尔·霍克斯碰过面。他已从其他投资者手中盗走数百万美元，这些投资者对他关于《惊险岔路口》的承诺兴奋不已。当我们将这一信息提交给律师时，我们确认了客户的怀疑不无道理，于是他们建议其客户还是另寻其他项目进行投资。

对证人进行定位，是律师必须依赖调查公司的另一项服务。作为持证私人调查员，我们可以取得许多为律师事务所及其他机构所无法取得的信息。

如果一位律师知道比利·白斯坦德尔（Billy Bystander）拥有对某桩案件至关重要的信息，但律师又完全不知道该如何才能找到比利·白斯坦德尔，我们就可以进入我们的识别器数据库，搜索比利·白斯坦德尔在哪个国家。这些识别器数据库，从信用报告信息源、电话簿及其他信息源合法收集信息，并将这些信息整理编入个人简历中。我们可看到的信息包括：一个人的现住址及其曾经住过的地址、出生日期及其社会安全号码中的部分数字,以及其他因州而异的识别信息,如投票人登记信息和驾驶员记录清单。

如果碰巧比利·白斯坦德尔这个名字很常见,我们就会运用我们有关他的已知信息,对出现在清单上的所有名叫"比利·白斯坦德尔"的人进行比照,力图先将其他不相关的比利·白斯坦德尔都排除,以确保我们锁定的人就是我们要找的人。如果我们发现比利·白斯坦德尔住在旧金山的一套公寓里,但未列出其电话号码,我们就会向律师提供比利·白斯坦德尔邻居的联系电话号码(如需要的话),或是直接联系他们(如果律师更愿意这么做的话)。如果我们的客户是比利·白斯坦德尔诉讼案的对方律师,其想知道是否有任何关于这个人的且会质疑其作为一名证人的可靠性的信息,然后弄清究竟发生了什么。

运行识别器数据库,是我们接受任何调查任务的首要步骤,对于这一点,我们已于前面章节提到。此举可使我们能对诸如比利·白斯坦德尔这类人进行定位,并帮我们做出一个初步预判,以让我们知道,接下来我们将在哪里对其展开调查。例如,如果比利·白斯坦德尔的识别信息显示,其现在居住在旧金山,而之前曾住在洛杉矶,我们立刻就会明白,至少必须对其于这两个地区的法院记录进行搜索。由于识别器数据库会为我们提供每个人的住址记录清单,我们会利用这些地址来找到一个人名下所拥有的房产,以及找到其可能以不同公司名称成立但注册办公地址位于这个人的已知地址的公司。

对于我们是要在调查对象做出证词之前对人们做访谈以对他们拟做陈述了解更多、收集潜在证人相关情报,还是进行资产搜索,我们所倚赖的创造性研究方法会帮助律师在信息能够影响结果的案件和仲裁中获得利益。

Digging for Disclosure | 第 14 章

交易市场有"教父"

有谁能够忘记著名电影《教父》第一部中的这样一个镜头：天不怕地不怕的好莱坞制片人杰克·沃尔茨（Jack Woltz），身着金色睡衣，正在铺有金色绫罗绸缎床单的大床上酣睡，却被床头染红了他整件睡衣和整张床单的一只血淋淋的马首惊醒。这匹惨遭毒手的马，是他最心爱的马。这种睡在黏稠而又滑腻的马血中的场景，令人不寒而栗。扔到他床上的马首，所传达的意思是：唐·柯里昂（Don Corleone）可不是好惹的。你们中有一部分人，很可能会引用整部电影的三部曲，并经常使用"到床垫上去"来表示已做好战斗准备；也有其他一部分人，可能仅仅是听说过《教父》这部电影的民间故事而已。不管你遭遇到什么风险，你都要确知，《教父》故事的焦点就是有组织犯罪。这部电影的视角，并非旨在表明有组织犯罪存在，而是为了表明，有组织犯罪和其他生意一样，也是一桩靠利润与权力起家的复杂生意。但电影中所演又有多少会真实发生？如其真的发生，则有组织犯罪和合法业务经营之间，又有什么关系呢？

《教父》在向你展示有组织犯罪是怎么一回事以及有组织犯罪存在哪些组织派别的同时，也向你表明了对不同类型的有组织犯罪进行区分的重要性。来自意大利西西里岛的犯罪家族以"科萨·诺斯特拉黑手党"著称，其运作风格与俄罗斯有组织犯罪家族的风格大相径庭。俄罗斯有组织犯罪家族的那套规则，与阿尔巴尼亚和墨西哥等国家的黑手党规则不同。这些黑手党起源不同，决定了其规则和目标各异。本书中的黑手党相关内容，着重聚焦于其在企业界的目标。

20世纪80年代，美国有一家德高望重的股票经纪公司E. F.哈顿（E. F. Hutton）。当时美国盛传这样一句口号即"当E. F.哈顿发话，人皆听之"，但其一家分公司同意大利黑手党共涉一桩洗钱骗局，被抓了个现形，E. F.哈顿瞬间就名声扫地。黑手党以"比萨店贩毒"著称，他们在纽约的一些小比萨店里秘密兜售海洛因。售出数量惊人的海洛因，赚足了现金，黑手党的各个代表就会将这些钞票放入行李箱提走，将钱存入E. F.哈顿的账户。E. F.哈顿会"尽职尽责"地填好那些必填的银行业务表格，将钱存入其公司账户。然后E. F.哈顿会和之前对其他任一家客户的做法一样，让这些钱流入大宗商品市场。黑钱就此洗白，而后再将这些钱转入黑手党名下的瑞士银行账户。从理论上讲，因银行并不知道本笔资金的来源，所以E. F.哈顿未从事任何犯罪活动。但当美国联邦调查局介入调查该笔资金转账时，问题就来了。E. F.哈顿告诉其瑞士客户，美国联邦调查局已介入并对其展开深入调查。这是给黑手党成员通风报信，他们迅速关闭了其于股票经纪公司所开账户，以令美国联邦调查局打击黑手党毒品交易及洗钱活动的努力半途而废。

有组织犯罪侵入商业界，其焦点并非都是将通过毒品交易赚到的黑钱洗白。对那些错过了美国付费有线和卫星联播网"家庭票房"的《黑道家族》系列节目的人来说，建筑行业是有组织犯罪团伙"钟爱"的一个行业领域。有组织犯罪家族渗入建筑业交易和废品运输公司的案例，数不胜数。这类人当中的部分成员，已于美国联邦法院被提起公诉，但也还有一部分成员依然活跃在市场上，继续积极施加影响。由于并不是全部有组织犯罪家族的同伙都会有"黑道"名头，所以那些勤奋、踏实的建筑公司往往很难知晓自己正遭到有组织犯罪团伙欺诈。

案情：犯罪渗入建筑业

布兰德（盲目）建设者公司（BlindBuilders）是纽约的一家总承包方，其有一处大型商用场所的翻修工程临近竣工。布兰德建设者公司同其分包商协调，即将完成最后一刻的工程变更单和尾项工作。布兰德建设者公司需让其一家分包商 OC 公司（OC & Company）根据双方原合同约定回工地完成工程。布兰德建设者公司为此给 OC 公司的两名高管打过好几次电话。其语音邮件从最先和声细语地要求对方完成工作的请求，变成了后来强硬命令对方完成那被其一拖再拖的工作的咆哮嘶吼。软硬兼施都不管用，对方还是无动于衷。根据和客户约定的时间进度表，布兰德建设者公司只能全靠自己独立完成剩余工程，压力倍增。有一天，布兰德建设者公司的主管在工地上，刚挂掉电话，就给 OC 公司留了一条语音消息。工地上另一名分包商一句不经意的评论，引起了首席执行官的注意。"但愿你好运，"这名分包商低语道，"那些家伙涉黑，你要是登上美国总统的宝座，就会有更好的运气来完成这项工作。"正是由于听到了这一评论，布兰德建设者公司才致电给我们。

这家公司两位拥有人的名字和一个手机号码，是布兰德建设者公司手头所掌握的有关 OC 公司的唯一信息。通过逆向电话搜索（通过电话号码搜索号主是谁）和审查公司记录，我们得以对这两个人进行定位，并确认他们也是纽约州和新泽西州许多其他建筑公司的拥有人。

同时，我们还运行了"Vendex"搜索（Vendex 拥有所有谋求为该城市工作的建筑公司和其他供应商向纽约市提交的问卷调查表）。我们发现，Vendex 数据库中列出的并非这两名拥有人本人，而是他们的妻子。OC 公司的拥有人非常狡猾，他们不让自己的名字出现在我们所需文件中。意识到这一点之后，我们随即对我们所发现的隶属于 OC 公司拥有人的所有公司展开了媒体搜索。我们找到了 20 世纪 90 年代初的一些文章，称 OC 公司的这些联营公司雇了某黑手党家族的一位知名的"黑老大"。我们通过对联邦法院犯罪记录进行审查，发现这些联营公司也曾被判犯有敲诈勒索罪。这一案件就是根据美国《反勒索及受贿组织法》（Racketeer Influenced and Corrupt Organizations Act）相关规定提起的诉讼。当对有组织犯罪团伙成员提起公诉时，该法案是常用诉讼案由。要根据《反勒索及受贿组织法》规定对某人提起诉讼，被诉讼者须存有严重违反行为，并且根据该法提出指控，还须其存有不良行为。

所有这些信息的问题在于，在 OC 公司的联营公司中，直接涉及这两名拥有人的，一家都没有。我们未发现任何明确陈述或声明这两名拥有人参与有组织犯罪的信息。我们知道，要得到我们所需答案的唯一方法，就是去接触我（肯尼思）的人脉网。我和我的一些朋友见面，他们曾是联邦调查员和美国一些州的州调查员，还有些朋友已在建筑行业工作了 20 多年。他们都有一个共识，那就是 OC 公司的拥有人的确和有组织犯罪相关，但已多年成功而狡猾地避免遭到指控。了解到该情形的重点之后，布兰德建设者公司决定，不再向 OC 公司支付所欠的 75 000 美元的工程款，旋即另寻一家分包商来完成相应工作。

对策：《反勒索及受贿组织法》释疑

在我们调查过程中，关于黑手党的文章帮到了我们。OC 公司同有组织犯罪团伙有染的相关文章，在我们的研究中扮演了不可或缺的重要角色。由于媒体文章中所做陈述需单独确认，我们先是利用我们在媒体中发现的信息，接着使用另一个具体的、主要的信息源，以确认我们所发现信息的正误。在布兰德建设者公司一案中，我们确认了 OC 公司是由有组织犯罪团伙运营的事实，我们的客户一不小心就会同有组织犯罪团伙交易，或遭有组织犯罪团伙渗透。而我们很是庆幸将客户从这类难于应对的有关是非瓜葛中解救了出来。

同时，我们也探讨了根据《反勒索及受贿组织法》提起诉讼的案例，以及此类案件的源头。在历史上，但凡根据《反勒索及受贿组织法》提起诉讼的案件，皆刑事案件，不过现在民事案件也常会用到《反勒索及受贿组织法》中的规定。此类民事案件和刑事案件都是在联邦法院备案的，都可通过法院电子记录公共入口进行搜索。

犯罪青睐建筑业

强迫公司避免同有组织犯罪团伙交易，远不只是道德问题。同时，有组织犯罪家族对那些挡其财路的人，要么狠下毒手，要么令他们非伤即残，也是不争的事实。并非所有同有组织犯罪团伙的往来互动，都会以电影《教父》中那床上被扔有血淋淋的马首或其他影视节目中呈现的以及书籍中所描写的类似血腥场面告终。但是，有组织犯罪团伙成员不会和我们一样珍爱生命的现实，就是确定让人们远离他们、不和他们有生意往来的一个充分理由。远离那些涉有组织犯罪的公司，不和它们同流合污，是评估做生意成本的另一种方法。

20世纪90年代中后期，有组织犯罪团伙通过"拉高出货"，把欺诈的魔爪伸入了股市。在这类欺诈中，小盘股（即仙股，是指股价低于1美元的低价股）被通过释放"黑嘴"消息来进行人为炒作（"拉升"）。拉盘者重仓买入这类经人为炒作的股票，然后在高位抛售逃顶，而普通散户却当了他们的"接盘侠"。由于这类股票几乎毫无价值可言，一旦庄家将其所持股票悉数抛出（"出货"），接盘的普通散户就会被长期深套。

有组织犯罪团伙通过控制那些会重仓买入仙股的股票经纪公司，在"拉高出货"骗局中扮演了重要角色。他们会说服或指使有关庄家及其他市场玩家，称这些股票具有价值，以虚高价位，将股票抛售给普通散户，而后股票经纪公司也会跟着对其所持股票进行出货。在诸多案例中，有组织犯罪团伙成功地骗取了投资者数百万美元。在过去数年中，许多有组织犯罪家族成员因从事这种类型的欺诈而遭到美国联邦调查局逮捕。

案情：行骗未遂俄罗斯人

同时，我们也已见证，有组织犯罪在商业界也有所表现。一家传统金融机构，聘请我们对一家生物科技公司的俄罗斯籍拥有人做背景调查。这些人谋求从我们的客户那里获得一笔过桥贷款。在背景调查过程中，我们发现，关于这些人的信息少之又少。实际上，除了他们在纽约州布鲁克林租房的信息外，我们找不到任何数据，就连可以表明这些拥有人在美国从事生物科技行业或任何业务的信息都没有。这样的调查结果，令我们的客户震惊不已，他们告诉我们，这些俄罗斯籍拥有人称自己是企业家，且已从事各种类型的业务多年。

> ▫ **渴望了解犯罪活动**
>
> 如果你对有组织犯罪以及黑手党相关资讯的下落与状态更新饶有兴趣，那你就可以访问《黑社会新闻》的网站（www.ganglandnews.com）。这个网站很好，你一定用得着。

作为美国联邦调查局前特工，我有着由遍布全球各地成千上万的美国联邦调查局前特工和其他调查员织成的一个强大的人脉网。我会不时给我这个人脉网中的人打电话，向他们解释我在为客户调查案件的过程中所遇到的情况。在我的美国联邦调查局前同事中，有一位想起了这些俄罗斯拥有人的名字。他告诉我，这些俄罗斯人全都和众所周知的俄罗斯有组织犯罪家族有染。我给我的客户打了电话之后，短短几秒钟，他们就不再需要我们进一步解释为何本桩交易不值得继续向前推进了。由于此类情况的性质充满了不稳定性，我协助我的客户设计出了一种策略来巧妙地知会这些俄罗斯人：本次过桥贷款申请，未满足其现行贷款纲领的要求。

案情：有染黑帮大威胁

我们曾效力于一家证券商，这家公司拟同一家清算公司确立业务往来关系。该清算公司系一家确保交易和证券按监管纲领规定完成的公司，其或许可以创造财源滚滚的收益。该证券商聘请了我们来根据"了解你的客户"（KYC）的纲领要求，对这家清算公司及其高管人员做一些基本的背景调查。《美国爱国者法案》规定要求，金融机构须对其现有及潜在客户做一些研究，以预防欺诈、洗钱以及其他白领犯罪。正是在这种情况下，这家证券商才聘请了我们。

我们一见到这家清算公司的高管名字时，就觉得该名字听起来很耳熟。我们查阅了我们的专有内部数据库，发现有传言称，这名高管同有组织犯罪团伙关系密切。由于网站 iamamobster.com 已无法搜索，用事实证明某人与某名暴徒有染的方式，就是借助各种各样的独立信息源。

首先，我们接触了一位前特工朋友。他告诉我们称，他知道这名高管以某种方式涉一桩刑事诉讼。但这位特工并不记得具体细节。他让我们联系这桩案件的公诉人，而公诉人不大愿意和我们交谈。我们向他解释了一下我们此次的目的，并告诉他说，我们只会根据"大陪审团规则第 6E 号"规定，要求其提供公共记录信息，不会要求提供其他任何信息。公诉人终于同意帮助我们,并让我们玩起了寻物游戏。他给我们说:"到法院大楼地下室,案件编号为 8712345,柜号为 123,找到窃听记录,翻到第 635 页。"第 635 页有一行内容记录称这名问题高管"铁定"是一名有组织犯罪家族成员。我们的怀疑,就此得到确认。我们的客户决定物色另一家清算所来做这桩生意。

所有这些故事都表明了一个同样的观点:有组织犯罪依然存在,对那些寻求合法合规经营并渴望成功的企业的纯洁性构成了威胁。

> **□ 安全史**
>
> 肯尼思记录:我于美国联邦调查局调查白领犯罪期间,是美国联邦调查局派出参加内部安全协会的代表。内部安全协会是一家由各大头部金融机构的安全主管组成的组织。该组织会探讨由这些安全主管在一线亲眼见证的各类欺诈,这类风险和意识会帮我确切地阐述出我对投资公司的需求的理解。通过这一角色,我了解到与华尔街相关的许多信息,并发展了同许多安全主管的私交关系。在我离开美国联邦调查局进入私营部门后,我结识的这类人当中,有几位后来还成了我的客户。

Digging for Disclosure | 第 15 章

资产调查知虚实

通过本书，我们探讨了做出投资、聘任高管、放贷或达成交易前的自我保护方法。但是，当钱已经摆在桌面上，以及当你谋求挽回你的投资却被告知你的钱已化为乌有时，又当如何？或者，如果你有种预感，你将要对其投资的这个人，其钱袋里的钱比你多或比你少时，又当如何？资产调查可帮助你获得所需某个人的财务结构的相关信息，协助你物色到正确的投资或收购标的。

案情：趁势装穷地产商

开恩德（善良）银行（KindBank）向加利福尼亚州的一位房地产开发商发放了一笔700万美元的贷款，贷款用途是在加利福尼亚州南部建设新开发地产项目。该开发商名叫吉姆·埃姆布罗克（Jim Imbroke），其承诺将在5年内还清该笔贷款。在该笔贷款出现违约拖欠数月后，吉姆·埃姆布罗克和开恩德银行的银行家碰了个面，并对他说："伙计，听着，真实的情况是我真的身无分文了。房地产市场火爆不再，我的业务都黄了，我再也不能偿还我欠你们银行的钱了。咱俩是否有任何机会达成协议来允许我只偿还本笔贷款的5%了结?"

开恩德银行的这位银行家也确实知道房地产市场出现了跳水行情。他们真的考虑了埃姆布罗克的建议,并认为挽回部分资金总比一分钱都收不回要强。所以,开恩德银行告诉埃姆布罗克,银行会接受他的提议。在他们同埃姆布罗克达成口头协议几天后,开恩德银行的外部顾问致电我们。开恩德银行想聘请我们来对埃姆布罗克做一次初步的资产研究,仅仅是为了确认埃姆布罗克是否真的如其向银行所说的那样身无分文。

我们查询了房产记录,并未发现埃姆布罗克拥有任何实物资产。尽管我们发现埃姆布罗克的确有一些房产,但这些房产全都有产权负担。我们接着进行了一些法院记录搜索。我们未通过法院记录获得直接同一个人的资产结构相关的结果,但实实在在地找到了一些能表明一个人或一家公司是否陷入财务困境的信息。无论我们是否能找到破产备案、留置权、法院判决或根据美国《统一商法典》规定所做的备案,此类记录都告诉我们,这个人或这家公司已经没有能力向其他人或公司付款了。对埃姆布罗克而言,这正是我们所发现的。因埃姆布罗克未向多个分包商付款,其被备案了好几项州税务留置权,且法院对其做出了多项民事判决。这似乎表明,埃姆布罗克确实没有能力偿还开恩德银行的贷款。

我们随后决定,设法找到埃姆布罗克这几年的一些商业伙伴。我们最初以为,我们要找的这些人要么会掌握与埃姆布罗克的资产结构相关的价值信息,要么能为我们指点迷津,以便让我们找到了解这类信息的人;相反,我们获取信息的情况比预想的要好很多:加利福尼亚州有一家新成立的房地产开发公司——坡里屋(Poleved),该公司是由埃姆布罗克的前商业伙伴成立的。坡里屋的公司网站上贴出了公司团队花名册,大吹特吹其团队多么有天赋以及经验如何丰富。尽管该公司的公司记录里并未列出吉姆·埃姆布罗克的名字,但他被列为坡里屋团队的一名负责人。我们开始对坡里屋做更多研究，发现一家当地的房地产交易期刊刚刚宣布，坡里屋入围美国一个州政府大型合同招标项目的最终竞标人名单。由于政府招标合同属于公共记录信息，我们得以确定，这份合同所有的最后竞标人，均需证明其负责人的净资产达 1 000 万美元以上。所以，吉姆·埃姆布罗克虽然向开恩德银行称其没钱，但是签署了一份证实其个人净值超过 1 000 万美元的政府文件。

我们将这一信息提交给开恩德银行的外部顾问，并向其建议：当他们计划执行只偿还 5% 贷款金额的原协议时，我们也与他们一同前往，列席埃姆布罗克召开的会议。会上，开恩德银行工作人员和埃姆布罗克坐在会议桌前，当他掏出其个人支票本开始按协商好的偿还金额在支票上填写日期时，在场与会人员都盯着他。在支票签署前，开恩德银行的律师凑近埃姆布罗克对他说："我们只想让你知道，我们有义务前往加利福尼亚州建筑标准委员会，并向其透露——很显然，由于你在我们的该文件中称你没钱，所以，你声明自己有着极高净值的那份文件肯定被你篡改过。"什么暗示都不再需要，埃姆布罗克就乖乖地填写了欠开恩德银行的全款支票。

对策：房产文件留印迹

人们保护自己的资产，一直都是明智之举，对于这一点，你我共知。但当贷款逾期拖欠和财务协议被忽视时，保护资产和隐匿资产之间的界限就会因变得很模糊而难以界定。在具有追索权的贷款的情形中，为了挽回所放贷款或股权投资的钱，律师、投资公司和金融机构会聘请我们为其做资产调查，以对可能具有相关性的人所拥有的任何资产加以识别。当然，未经授权，我们不能取得私人银行记录。但像其他任何信息一样，为了知道一个人的资金在哪里，我们需要具有点创造性和丰富的经验才行。

在吉姆·埃姆布罗克一案中，你也看到了房产记录属于公共记录信息。每个州的每个县都有一个不同的系统来对这些记录进行汇编。但律商联讯和万法收集到了全美范围内备案的房产记录，不得不令人惊叹。由于网上的记录可能未及时更新，我们一直都会电询当地估税员或相关州县部门，以取得最新房产信息。

隐匿资产现原形

企业决策服务股份有限公司已和各银行展开合作，以在某个人或某家实体声称其不再有能力偿还银行贷款时，帮助这些银行识别一个人或一家实体的资产。我们发现，银行无法每次都在贷款发放之前核实借款人的资产或财务稳定性。当谋求识别资产时，有时某个人确实没有任何资产，但情况往往是，他在哭穷，并无法用事实证明。例如，在诸如迈阿密之类的蓬勃发展的城市，当处于住房市场行情的巅峰时期时，许多金融机构都会向房地产开发商提供数百万美元的贷款。房产市场似乎利润前景相当可观，但不到一年，其繁荣局面就急转直下。因次贷危机来袭，面对价格日益飙升的公寓，能买得起的人越来越少。许多房产项目成了烂尾楼，尽管开发商尽职尽责继续向前推进项目进度，但市场再也没有能力立即支撑起所有的房地产项目了。然而，有些银行只是根据借贷协议就为这类地产商提供了初始贷款，它们也仍然需要挽回其投资。部分开发商是地产开发行业的新参与者，这些人（无论是普通个人，还是专业团队）都冒险将其全部资金投向了某个房地产开发项目，并押注项目会取得成功。其他一些经验丰富的开发商的现金流开始出现问题，比如发不起工资，或无法向分包商和供应商付款，银行听到风声之前，他们早就知道自己业务进展不顺，并开始保护资产。他们很清楚，银行总有一天会上门催收（接下来就该我们介入了）。

  各银行聘请调查公司，旨在为其确定，某家开发商是否拥有任何资产，以使其有能力偿还银行贷款。我们发现，通常房地产开发商在其"日落西山"之前，就已经提前6～9个月知道情况了，于是它们会制订计划来隐匿其资产。通常，它们会为每个项目成立新的实体，以限制其经济责任。同时，它们也能在每个不同的项目中取得独立产权公寓的股权。如果一家开发商同一时间在开发四处房产，那么这家开发商就往往至少已成立了四家公司，公司名称往往会反映出开发项目所在地的地址，比如123号大街有限公司。将这一点牢记在心后，当我们进行资产搜索时，我们就会以识别开发商所用的任何地址作为切入口。对于这一信息，可通过我们的识别器以及商业和媒体信息源获得。

  由于开发商想让其地产开发项目名声大噪，以便能诱惑投资者和买主或租户将来投资、购买或租赁其房产，所以当开发项目拟于某一具体区域施工建设时，当地报纸和交易类杂志就会是很好的信息源。例如，《真实的交易》(*The Real Deal*) 杂志聚焦于纽约市的房地产，并就该区域内的任何及所有预建项目提供信息更新。通过这类信息源，我们能识别出开发商的活跃区域，然后搜索公司记录，以弄清其为每一个开发项目成立的实体的名称。对于年代稍久远些的开发项目，公司记录会相应将这些公司的状态显示为"不活跃"或"已违约"。但由于活跃公司需要纳税，所以与由该开发商拥有或管理的活跃项目存有关联的活跃公司，我们就能够识别出来。每一家公司都可能代表一类潜在资产。如果项目竣工，或该开发商能持有以这类公司名义开立的银行账户，开发商就会赚到钱。这是发现房地产开发商资产的妙招之一。资产搜索并不是始终都能帮你查明某个人具体拥有哪些资产，但也的确能找到一些信息，以便在某些情形下为你提供一种杠杆工具。

案情：小小司机大功臣

曾有一对老年夫妇，他们欠一位私人投资者钱不还，于是我们的客户聘请了我们，对该夫妇俩进行资产搜索。我们搜索了各类公共记录信息源，但并未发现这对夫妇各自名下有任何资产。但是，20 世纪 80 年代时，这对夫妇生活极尽奢侈，并且偿清了他们位于纽约市上东区的一处联排别墅的按揭贷款。我们得以查明，这对夫妇近期解雇了一大批员工，连跟随他们多年的私人司机也未能例外。我们对这名司机进行了定位，并和他交谈。问起他是否了解这对夫妇的财务状况的任何信息时，他回答说："上车吧，我会把我每周一、每周二、每周六和每周日开车送他们去的那四家银行都分别指给你们看。对了，我想起来了，我还知道他们每一个银行账户的户名。"

对策："山重水复"有线人

事实证明，前雇员可为我们提供一个很好的大信息库。虽然并不是我们跟进的每一条线索，都能给我们带来一位有秘密可吐露的司机，但是我们也的确找到了一些了解一个人业余爱好、花钱习惯或出行计划的前雇员。这可能意味着，查明一个人嗜赌如命或是乘坐私人飞机前往开曼群岛度假，这两种情形，都是关于某个人钱花在了何处或藏在了何处的线索。如果他们前往开曼群岛，那么他们就可能在那里开立了银行账户或拥有房产，而并未在美国税务文件中申报，以此方式达到避税目的。由于缺乏可以找到某个人在国外哪些银行开有账户的研究工具，联系前雇员或尝试辨别一个人的出行习惯，就是查明（或至少能开发出）能将你引向正确方向的信息的最佳方法之一。你永远都不会知道，自己所做的研究会将你引向哪里。

但是，无论是以迂为直，还是直捣黄龙，这些信息都必然会将你引向正确答案。

> **□ 离岸银行账户**
>
> 诸如开曼群岛、盎格鲁－诺曼底群岛、马恩岛、卢森堡和毛里求斯之类的地方，是人们隐匿资产的常见热门去处。

发现资产有其法

公司记录始终都会显示一个人的潜在资产，但除了房地产行业、石油和天然气行业及餐饮行业以外，有成立大量公司的倾向或需求的人并不多。对于这类人，我们的资产研究最先会把焦点放在房产记录、车辆登记记录及其他各类非传统的信息源上。我们在进行资产搜索前，必须确认一个人的身份识别信息，以取得这个人过去一二十年中曾用地址的过往记录。此举会让我们知道，当我们审查房产记录时，应当从哪里入手。我们始终寻求弄清：一个人是否拥有其现在的住所；如果其住房不是归属于调查对象名下，那么该处房产的拥有人又是谁。

如果哈利住在榆树街789号，那我们就找榆树街789号的房产记录。如果我们发现，该处房产并非由哈利·霍姆（Harry Home）拥有，而是由榆树街房产公司拥有，那么我们就会审查公司记录，以查明榆树街房产公司的拥有人是谁。这类研究就是抽丝剥茧，层层深入。

一旦我们发现关于哈利·霍姆的现住所的这类信息，就会对哈利·霍姆的所有其他地址以及税款发往地址都采取同样的做法。也就是说，如果哈利·霍姆榆树街789号的房产税被发往通用街456号，那么我们就会明白通用街 456 号的拥有者是谁。我们最终会得到一份清单，清单上会显示出哈利·霍姆过去几年中所有买入和卖出的房产。

同时，我们也寻求弄清这些房产的售出时间。如果发现哈利·霍姆现在并不拥有房产，我们就会寻求弄清他于何时售出其先前所拥有的房产。如果他于同一日期或其前后售出其所有房产，又当做何解释？如果他以产权转让契约或担保契约的形式，通过家庭内部转让方式将房产转移到其妻子、子女或公司名下，那么又当做何解释？这些都将是哈利·霍姆试图保护其资产以免这些资产成为法院裁决证据的迹象。

在吉姆·埃姆布罗克一案中，我们谈到搜索针对某个人的法院判决和留置权。这类文件会表明一个人正在做经济挣扎。服务于此目的的另一个资源，就是美国税务法院。税务法院有一个可供搜索的网站，通过该网站，你可以看到一个人是否遭到美国国税局税务专员起诉，或是曾起诉美国国税局税务专员。虽然有时这些案件仅仅是走走程序而已，但在其他情况下，这些案件可能是某人试图避税、试图压低高评估价值房产价值的证据，或会表明一个人资产结构和性质特征的其他问题的迹象。

我们寻找一个人的资产时，另一类正合我们所需的信息，就是车辆、船只和飞机登记文件。不妨试问一下：哈利·霍姆是否驾有法拉利、私人游艇或单引擎飞机？如果我们通过美国联邦航空管理局发现，哈利·霍姆拥有飞行执照，那么我们只有通过搜索来弄清他是否拥有一架私人飞机，才是符合逻辑的做法。哈利的飞行执照及其飞机，均可于美国联邦航空管理局官网（www.faa.gov）上找到。

同时，我们也寻求弄清，哈利·霍姆是否曾作过政府官员竞选捐款。如果他声称自己没钱，那他又如何有能力来为其支持的政客候选人捐款？对于政客竞选捐款记录，我们可通过美国联邦选举委员会官网（www.fec.gov）轻松查到。有几个网站，可以让你查清一个人在过去几年中是否曾向任何政党或政治竞选活动捐过任何款。美国联邦选举委员会官网，是我们对这类捐款展开搜索的第一站。但也还有其他网站，可用其他方式对捐款信息进行搜索，比如按地址、按公司名等搜索，这类网站有：opensecrets.org、newsmeat.com、followthemoney.org 及 campaignmoney.com。

我们也会确定，哈利·霍姆名下是否注册有任何专利或商标。这些专利或商标，是知识产权的一种形式。在许多情况下，买专利或商标要花一大笔钱，卖专利或商标可赚一大笔钱。美国专利和商标办公室的官网（http://www.uspto.gov/）功能强大，其允许你搜寻专利和商标。网站上的信息，不但会告诉你投资者的姓名信息，还会告诉你其于何时登记备案以及商标或专利被授予到谁名下（十有八九都是被授予给公司）。

> ☐ 网站本身亦资产
>
> 　　域名是知识产权的另一种形式。你可以核实某个人或某家公司是否注册了域名。通过此类搜索，你会知道域名的预订日期，以及域名被注册在谁（或哪些人）名下。此外，识别域名登记信息，可帮助你确定一个人有启动新业务的打算。对于这类信息，我们可通过搜索 WHOIS（用来查询域名 IP 及所有者等信息的传输协议）数据库（http://www.networksolutions.com/whois/index.jsp）进行查询。

这些只是我们进行资产调查时要用到的部分基本搜索工具。资产搜索同我们其他所有调查一样，单靠一种搜索方式，是永远不够的。对于研究工作，我们必须要全方位地去完成。对于信息，我们必须反复分析，且必须要能够妥当地取得信息源，以取得最佳调查结果。

Digging for Disclosure | 第 16 章

公司调查多角度

前面,我们把探讨的焦点主要放在了涉及某种严重程度的不当行径的个人身上。但若你要投资或收购一家公司,又当如何?你是否也需要对这家公司做背景调查?毋庸置疑,调查不可或缺。

如果你要投资某家公司,你很可能已查看过该公司的资产负债表,分析了该公司的收入来源,并检查了该公司的其他财务方面。但是,对该公司进行调查研究,也是至为关键的一环。和我们对管理团队的研究结果类似,我们发现的有关某家公司的信息,也能左右交易结果。

你需要查明的问题,其中就包括某家公司是否牵涉正在进行中的法律诉讼。如果于你收购或投资之时,法律诉讼还在进行,那么你就需要知道该案的裁决结果。该公司参与这桩正在进行的案子,其需要投入多长时间、多少金钱?这桩案子是否牵涉一个可能会影响到其公司成败或其他声誉的问题,比如专利侵权案(你的标的公司是否会丧失推广某一产品的权利)和证券集体诉讼案(这是否会导致遭受巨额罚金或向原告支付巨额赔偿)?

当我们核实一家公司是否涉法律诉讼时,我们也会将焦点放在那些已经结案的案件上。这家公司是否有过被起诉但后来又私了的先例?由于这家公司将会把大量钱财花在不必要的法务费用上,这可能会影响到你的交易。或者，我们看下民事案件或法院判决的结案日期或偿清日期，以弄清这家公司是否力图在寻找资金的这几个月内从容地解决其所有法务问题。

存有监管方面的问题，也是我们研究中的常见发现。了解清楚一家公司是否被任何监管机构处以罚金，并对这家公司所称其已获授的认证资格予以确认，这一点对你很重要。所有此类事宜，都对一家公司的未来至关重要，但当你和这家公司谈判时，这些事宜却不会一直都能引起你的注意。

案情：遭遇网骗认倒霉

你我都曾进行过某种形式的网购。无论买什么产品，你都知道该怎么做：点击你想购买的产品，加入你的"购物车"，输入你的姓名、账单地址、收货地址、你的信用卡信息，再次核对你的购买信息，确认无误后，点击"提交"或类似按钮，过不了几分钟，你就会收到一封确认你的交易详情的邮件。

但如果你在点击某一商品时，就在你自己并不知情的情况下被扣了钱，又当如何？例如，如果你在寻找某本书，发现《投资尽职调查》这本书听起来很有意思，但你想在购买下单前阅读更多内容，你就会点击该书图标，以获取更多详情。如果你想购买一本有关网骗骗术的书，你就会被直接扣钱。

网骗有招公司（ETricks）是我们曾经调查过的一家公司，我们也对该公司管理团队成员做过调查。对于这里说的网骗有招公司的骗局，我们的客户并不知情，其甚至还想收购这家公司。我们发现，在我们的客户启动同该公司之间的谈判前几个月，美国联邦商务委员会就对网骗有招公司提起了诉讼。联邦法院有关该案的诉讼事件表显示本案已结。当我们审查其于国内外监管机构所备案的纪律处分时，我们发现了更多细节。

美国联邦商务委员会收到了对网骗有招公司的指控后，亲自对此类指控展开了调查，并对网骗有招公司提起了诉讼，称客户还未按下"提交"按钮，网骗有招公司就秘密从他们账户中扣钱，此系欺诈行为。当网骗有招公司同意因为就其这类欺诈游戏支付400万美元时，该案件就解决了。美国联邦商务委员会本次对网骗有招公司处以罚金并对其提起诉讼的事，或是该公司有这类做法的事实，我们的客户都并不知情。于是，客户决定另寻网店收购机会。

对策：监管机构去裁决

我们一直都会和监管机构及其他相关合规部门联系，以确认一家公司是否参与了任何非法勾当。在网骗有招公司一案中，正是美国联邦商务委员会帮到了我们，为我们的调查指引方向。联系美国商业改善局，就是查明一家公司是否曾被其任何客户起诉的一种快速方法。当审查那些直销公司时，这是一个很好的资源。

> **□ 国际求救信号 SOS**
>
> 收集到的有关某家公司的信息，并不总会令一桩交易告吹。有时，如果你发现这家公司已涉争议问题，那这些信息就会帮你获得谈判所需的杠杆筹码。在网骗有招公司一案中，你可以使用美国联邦商务委员会相关信息，要么试图尽量向这家公司少付钱，要么坚持让这家公司改变其做法、执行道德守则政策，并强令这家公司同意遵守由你提供的严厉政策。

职业安全与健康管理局官网，也是我们常用的一款工具。职业安全与健康管理局的职能是确保公司不会存有危险工作场所或工作场地，其任务是监督员工安全。职业安全与健康管理局会对各公司进行例行检查，并对一家公司所收到的任何违规通知、所遭指控、所做检查以及这些行为的结果均保留有记录。当你查阅职业安全与健康管理局的这类记录时，你就会明白：一家公司是否违反了职业安全与健康管理局的标准，以及这家公司是否必须支付罚金，并对这一问题做出妥善整改。再一次提醒，此举会影响到你的交易。如果一家公司老是出现同一问题，并被职业安全与健康管理局处以罚金，那么这就可能意味着：向职业安全与健康管理局支付罚金，该公司满不在乎，并不会对其所存在的问题进行整改；或者，由于其恶劣的工作条件，这可能最终造成某名员工受到工伤，而这名员工会起诉公司，从而给你的公司导致不必要的负面宣传、尴尬局面和高昂的法务费用。

当你对金融界的公司或个人做调查时，有多处基本监管资源可供你使用，这些资源设有可让你轻松查询信息的网站。美国证券交易委员会负责对证券行业以及有关股票和期权交易所进行监督。其官网（www.sec.gov）准许你进行搜索，以对在美国证券交易委员会登记为投资顾问的任何公司加以识别。这一方法对许多对冲基金都适用。当一家公司在美国证券交易委员会登记为投资顾问时，公众可以在美国证券交易委员会官网在线免费获得 ADV 表格。当某公司妥善执行这类 ADV 表格时，这些 ADV 表格就会提供公司拥有人及间接拥有人的相关详情、投资于某只基金的大致金额、附属基金，以及此前对此类拥有人或这只基金所做的任何纪律处分，往往还包括该公司或这只基金的这类文件清单的服务提供商，即基金管理人、主经纪商、会计师、律师等。

为了确定某个人或某家公司是否为持牌经纪商，你可以登录美国金融业监管局官网进行搜索。美国金融业监管局的前身为美国全国证券交易商协会。美国金融业监管局是一家独立的监管机关，其对金融经纪和证券公司实施监督，并有自己可供搜索的网站。美国金融业监管局官网允许你对某个人或某家公司进行搜索，以识别该公司或个人的登记信息、违规记录、仲裁记录，且其网站上还有大量额外免费信息可供使用。

就像美国证券交易委员会和美国金融业监管局参与对金融服务业的监督一样，美国大量的联邦和州监管机构会负责确保公司在几乎各行各业都遵守美国联邦法律或州法律。对于从事银行业的公司，我们会向相关联邦和州银行部门进行核查。同样，当对从事保险业的公司进行彻查时，我们会联系相关州保险部门，以查明这家公司有哪些记录在案的信息。当我们对食品行业或医药行业的公司进行调查时，我们会和美国食品和药物管理局接触，看看食品和药物管理局有何关于该公司的信息。如果某家公司有一款产品会对环境造成影响（比如干洗公司、废品回收公司），我们调查这家公司时，就会和美国环境保护署接触，并确定其是否有关于被调查公司的任何信息。如果我们彻查一家通信公司（广播电台、互联网等），我们就会联系美国联邦通信委员会，以识别该公司是否曾遭到任何指控，并确定该公司是否具有由美国联邦通信委员会颁发的许可执照。

我们常用的一份监管机构清单，已于本书末尾"资料信息源"一一列出，但也还有其他一些这类机构，包括：

- 美国总务管理局。当公司加入为政府工作的行列时，总务管理局会保留有一个公司数据库，该数据库中会列有被禁止为政府工作的公司名单。其官网（https://www.epls.gov）允许你进行搜索，以弄清任何公司是否被禁止为联邦政府工作。
- 美国海外资产控制办公室。这是美国财政部下属的一个部门，其专门负责确保在美国境外运作的公司及在美国境外工作的个人遵守美国法规。美国海外资产控制办公室通常和外国政府共事，专门负责对违反美国政策的公司或个人进行制裁管理。美国海外资产控制办公室通过其官网（http://www.ustreas.gov/offices/enforcement/ofac/）保留了其已公布的所有制裁记录。
- 美国专利及商标局。该机构保存了在美国备案的每项专利及商标的全部记录。公司及个人经常倚赖其各自的专利和商标，将它们作为其业务的基石。由于专利和商标是一种知识产权的形式且具有价值，所以我们在进行资产搜索时，始终都会搜寻专利和商标。该部门的官网是 http://www.uspto.gov，其是一个可以轻松实现搜索的网站，允许你对授予公司或个人的任何专利或商标进行识别或确认，这已于第15章进行了探讨。

这些只是我们经常联系的一部分监管机关，通过它们，我们可以了解到一家公司的更多信息，并确认被调查公司是否系合规经营，以及是否不受任何会对其履行能力产生负面影响的事情的影响。

关于我们的搜索策略，以及我们是如何找到深度了解公司业务的前雇员的，前面各章已做了探讨。当我们研究这家公司时，我们就会去找这类前雇员。而且，我们已指出，前雇员往往拥有关于某公司的内部信息。而这些信息，除了可以通过他们获得以外，别无其他渠道可以获得。

我们调查一家将被收购的公司时查明，由于其前首席执行官的行为，该公司在一桩丑陋的政治事件中被抓了个现形。当我们的客户拟对该公司投资时，该首席执行官已从公司离职两年。但因这些政治人物中有一位遭到调查，公司的这一问题直到近期才暴露出来。公司的现任高管中无一人参与其中，所以如果我们只是将我们调查的焦点放在公司现任管理团队的话，那么我们就将无法揭示出其症结所在。

我们使用的许多资源，都可用来确认将和你做生意的那家公司是否会相应履约。忽视公司背景调查，就是忽视可能会影响到你的交易的重要信息。

Digging for Disclosure | 第 17 章

自当裁判自做主

在企业决策服务股份有限公司,我们认为,通过背景调查获得的信息并非达成交易的唯一促成因素。你熟悉本桩交易方方面面的财务状况、法务方面的错综复杂性和其他可能承担的经济责任。有时,我们可能认为,我们收集到的信息将会令一桩交易告吹或是峰回路转。但对于商业协议的"更衣室"里究竟发生了什么,我们往往知之甚少。

我们曾参与过这样的交易:我们查明一名首席执行官因大额偷盗被捕,或首席运营官花了数年时间同自己的毒瘾做斗争,但交易最终还是达成了。相反,我们也遇到过这样的情况:当一位高管遭到两次酒驾指控,或者基金经理有多项未偿还税务留置权时,客户将取消交易。这些决定是基于你自己的个人判断、你的内在道德指南针,甚至有时或许只是凭你的预感做出的,而我们不可能总会同意你做出的决定。

案情:欺诈青楼二选一

2009 年初,当市场震荡不安、交易冷清时,一位投资顾问拟投资一家对冲基金。该基金由克拉克·钱斯（Clark Chance）运营，他是一名美国东海岸当地居民，在投资界颇有口碑。这名投资者的一些朋友向克拉克·钱斯投资，投资回报也相当丰厚。我们的客户也跃跃欲试，但他在向克拉克·钱斯做出投资承诺之前，还是决定聘请我们先对其做个背景调查再说。

我们并未发现钱斯有过任何监管诉讼、民事案件、刑事案件或破产备案，甚至任何他不曾向我们的客户透露过的公司。我们发现，许多媒体文章对他多年来斐然的投资成绩赞不绝口。在这些媒体文章中，我们发现了一篇20世纪80年代题为《一群银行家于当地妓院被捕》的文章。这篇文章称，克拉克·钱斯将一名客户带到一家妓院去"招待"他。可就在当天，当地警方对这家妓院采取了突袭扫黄打非行动，妓院的人悉数逮捕。由于我们只在钱斯过去10年中曾经居住过和工作过的区域进行了刑事记录搜索，所以，对于这一事件，我们在刑事记录搜索过程中并未发现。这家妓院位于美国一个完全与众不同的州，且由于我们并未发现钱斯曾在该州居住或工作，所以我们找不到理由在该州对其展开刑事记录搜索。然而，我们迅速致电当地法院和当地警方，要求从他们的案卷中为我们提供关于本案的任何及所有信息的副本。我们在等待这些文件送来之前，和客户碰了面。

当我们告知客户，问题不只是钱斯自己去青楼的问题，还有关于他带客户找小姐的糟糕判决。可这位投资者不认可我们的观点，由于有些人对金融界某些人的这种"招待"客户的做法感到司空见惯，这位投资者并不觉得钱斯的这一行为有什么值得大惊小怪的。这位投资者要求我们继续进行我们的调查，并让我们在案发以来的所有案卷文件都送到我们公司时通知他一声。

一周后，我们要的文件送来了。我们读到了关于案发当天所发生事情的更多细节。逮捕报告中的故事和我们所发现的媒体文章中的故事大同小异。再次提醒，青楼事件发生在美国另一个州，而不是钱斯所居住的州。但是，这一事件已过去快满15年了，而我们通常只搜索近7~10年内的刑事记录。于是我们决定谨慎行事，将刑事犯罪记录搜索范围扩大。所以，对于所有刑事记录，我们都重搜了一遍，并到法院实地搜寻了案卷刑事记录，以弄清10年以前钱斯曾涉任何案件与否。而事实上，他还真涉案了。

我们从一家当地警察局收到了一份逮捕报告，根据当时办案警员的说法以及我们所收悉文件的内容，还原故事经过如下：

克拉克·钱斯拥有两辆经典老式汽车：一辆是1965年版保时捷轿跑车，另一辆是1971年版梅赛德斯 – 奔驰敞篷车。他为这两辆车都投了保，保单反映出这些汽车价值极高。1987年的一个午夜，即青楼事件发生之前两年，有一次，克拉克·钱斯电话报警称，他的这两辆老式汽车被盗了，其语气里充满了恐慌。警察于是来到他家，给钱斯做了笔录。他在笔录中称，他将这两辆车锁在了其车库里，肯定是有人闯入了车库，将这两辆车开走了。在其报告称这两辆老式汽车被盗之后4周，一名警员例行驾车经过钱斯所住街区，注意到钱斯的车库门开着一条缝，似乎家中无人。由于其曾读到过车辆被盗的报告，这名警员将车停靠在路边，向钱斯的车库走去，以确认不会有人再次闯入车库。这名警员走到车库旁，见到了与报告被盗的两辆老式汽车完全同款的两辆汽车。钱斯将这两辆汽车挪了位置，然后对外报告称它们被盗了，以便能利用其保单向保险公司要求理赔，大赚一笔。钱斯随后被捕，他被指控犯有保险欺诈罪和妨碍司法罪。

当我们告诉客户这一故事时，他大惊失色。对于青楼事件，他可以睁只眼闭只眼，装着没看见，但是，保险欺诈是他万万不能接受的。于是，我们的客户打消了向克拉克·钱斯投资的念头。

这个案例说明，每位客户如何对某一情形做出个人评估，会决定其如何做出某一投资决策。有些投资者可能会一叶障目不见泰山，会因为钱斯承诺的高回报忽视这两起事件，最终决定向钱斯做出投资。而其他一些投资者，当他们查明青楼事件时，他们就会直接弃他而去。就像政治和宗教一样，人人都有自己的世界观，以及一种在其眼中何为"对"、何为"错"的具体意识。做生意时，这些因素始终都会起作用。

案情：性瘾、文件与交易

我们曾调查过另一桩案件，发现调查对象曾因"行为不检"被捕。当我们查看其法院文件时，我们发现这个人最初是因招嫖被捕，但对其记录在案的指控，却是"行为不检"（是的，你没看错，本章就是讲男嫖女娼之事）。

这些法院文件上称，此人已同意前往其被捕城市里的一家性成瘾康复诊所，且法院命令其待在距离某个具体角落 60 米的地方不动。由于此人曾被判刑，这显然不是他首次招嫖。那我们的客户要不要和他交易呢？我们的客户仍然愿意。客户觉得，这一事件不会影响这个人的履职能力，并认为他经历了一个康复过程，值得给予其改过自新、重新做人的机会。

案情：小偷摇身变高管

一家私募股权公司拟收购美国俄勒冈州一家硬件公司。该私募股权公司请我们对这家公司的创始人——史蒂夫·阿宾德（Steve Abind）和戴夫·阿宾德（Dave Abind）兄弟二人做一番彻查。该硬件公司系一家小公司，公司名称为"阿宾德兄弟公司"。可获得的有关这家公司的信息少之又少。史蒂夫和戴夫都出生于俄勒冈州的同一座小镇上，且兄弟二人有生以来就未曾离开过家乡小镇。他们的父亲最先创办了一家公司。当他们的父亲过世后，史蒂夫和戴夫就接管了其父亲的公司，并开始增加其店内所售产品种类。史蒂夫和戴夫两人均已成家，且都已为人父。此兄弟二人年轻时，就已开始为阿宾德兄弟工作。他们从未到其他任何公司上过班。虽然这一切似乎都像是一个不错的简单故事，但是当我们了解到史蒂夫 23 岁时曾因盗窃一辆皮卡车而被捕、戴夫 28 岁时曾因持械抢劫而被捕的信息之后，我们对这兄弟俩的看法就瞬间改变了。史蒂夫和戴夫都曾因其各自所犯之罪而在州监狱服过刑。当我们告诉客户阿宾德兄弟的问题所在时，客户却反问道："但他们并未涉毒，对吗？"

没错，史蒂夫和戴夫确实均未涉毒。客户认为，在此兄弟二人成长的街区、家庭与环境，偷盗与抢劫可谓是"家常便饭"、见怪不怪，因此，盗与抢，并不能作为一项异常指标来判断他们就一定缺乏商业头脑或无能力经营一家硬件公司。于是，客户还是继续对阿宾德兄弟展开收购，并且阿宾德兄弟和我们的客户之间至今都依然保持着非常和谐的商业关系。

对策：风险偏好自评估

对于媒体文章的作用，前面已做探讨。但在克拉克·钱斯一案中，我们也看到了，媒体文章是如何将我们引向调查对象的犯罪背景的。而对于这些犯罪背景，如果我们单纯只是依赖法院记录搜索，是无法查明的。进行存档媒体搜索、法院记录审查和联系当地权力机构多管齐下，才将我们带入了克拉克·钱斯的真实过往故事。当犯罪记录被删除后，往往是媒体信息源以及对业内"线人"和司法"线人"的访谈，让我们最终确认这类案件的确存在。

我们曾提到那个人本来最初被指控招妓，但其实际受到的指控是"行为不检"的案例。法院索引中所提供的信息，只会显示某个人最终认罪的那些指控项。只有当我们申请对本桩刑事案件的在案文件进行审查时，我们才能了解到这项嫖娼指控。

在阿宾德兄弟一案中，我们理解客户自愿原谅这些犯罪记录并继续同他们完成交易的做法。我们在做某些商业决策时，也必须始终考虑外部环境。但也有些时候，我们一再警告客户称，请他们基于我们所发现的信息，重新审视其交易。在一次案例中，我们发现资金经理曾因盗用投资者资金而被判联邦监狱服刑。而我们的客户却并不认为这一信息与其拟进行交易之间有何关系。"呵呵"，唯一管用的说法，只能是：是他自己交易，又不是我们交易，爱怎么着怎么着吧。他知道资金经理的背景，并称他打算对本桩交易做结构化处理，以对其施加某些限制。该客户愿意冒这个险。对于这种事，还是那句话，你自己觉得怎样决定舒服，你就怎样做。

过去，公司聘请我们对调查对象做背景调查，调查对象往往并不知情。但最近几年，一方面，由于《萨班斯－奥克斯利法案》和"了解你的客户"（KYC）硬性要求；另一方面，企业授信责任也与日俱增，因此，现在我们的客户大都会开门见山地知会某些人，将在交易前对他们做背景调查。这样的做法让投资者有机会向调查对象表明，对本次投资一事，其态度是严肃认真的；同时，这样的做法也给予了竞聘者机会来对其过往发生过的任何问题坦言相告。现在，对投资者来说，进行背景调查已被认为是实用且明智之举。因此，背景调查被摆到了一个突出的位置。

任何交易，如果你打算参与，那么至于最终能否成交，拍板决策的都是你自己。风险偏好因人而异。我们曾为主要做陷入困境投资的交易或"秃鹰基金"交易的客户提供服务，其拟交易的公司存有问题，他们也是知道的，但对他们来说，风险越高越好。但是，无论你要做何种类型的投资，通过背景调查揭示的信息，都有助于你在进入下一步之前对情况了如指掌。

有时，如果我们查实调查对象确有负面信息，这就有助于你对交易条款进行重新架构，执行适宜的检视与制衡，或是单纯了解下需考虑什么额外的或有事项。投资之前，你始终应当先做调查。我们能为你提供的最佳建议只是一种意识，要意识到当前情形如何，并考虑你手中掌握的所有信息。俗话说得好："与其遇上不认识的新鬼，不如遇到认识的老鬼。"

Digging for Disclosure | 第 18 章

调查人员"撒手锏"

对于我们多年进行商业调查过程中所查明的不同严重程度的欺诈案例，我们已做探讨。对于一些众所周知的、发生在近期的商业骗局，我们也已进行了探讨。我们已告诉过你：发生了什么、是怎么发生的，以及从我们的专业视角看，哪些坑是原本可以避免的。但是，我们该怎么做呢？我们要寻找些什么呢？你有什么样的调查"撒手锏"？你如何才能将我们的方法应用到你自己的尽职调查举措中去？

不管我们的调查性质如何，收集情报，以及确定为了达到客户所需满意度需要完成哪些任务，我们始终都依靠两大独特方法：富有创造性的研究策略和信息分析。公共记录信息源成千上万，任何人都能随时查询。谷歌是一种广受欢迎的简单易用的资源，你只需要将某个人或某家公司的名字输入搜索栏，很可能就会找到一些你先前不曾知晓的信息。对那些拥有诸如律商联讯或彭博客户端之类的商业数据库信息通道的人来说，他们知道这类资源会提供海量信息。但你能够获取到哪些信息，和你如何使用这些数据库同等重要。

就拿霍华德·蒂帕特的故事（见第 3 章）来说吧，这位首席财务官通过将其合法雇主的资金抽取至他成立的公司名称极其相近的另一家公司，就这样骗走了一家公司数百万美元。他新成立的这家公司的公司记录，是蒂帕特用来进行欺诈的工具。在公司文件清单上，并未列出蒂帕特的名字。相反，公司记录只显示了蒂帕特的家庭地址。要是我们只用蒂帕特的名字进行搜索的话，那么我们就将永远无法找到调查这桩欺诈案的突破口在哪里。我们进行的所有搜索，都是按某个人的名字进行搜索开始的。一旦我们确定一个人在过去 10 年左右在哪里居住过和工作过，我们就可以用这些地址作为搜索关键词来展开搜索。蒂帕特需要成立一家公司，以便开立一个银行账户，用来存放他盗来的钱。公司记录由各州备案，公众皆可查询。在美国大多数州，都是由州秘书处来负责对公司信息进行监督。美国许多州都有自己的网站，供你进入其公司文件数据库进行搜索。律商联讯也有个全面收集了美国 48 个州秘书处记录的庞大数据库。

但是，如前所述，美国有两个州——新泽西州和特拉华州的公司记录在律商联讯上是无法查到的，必须通过这两个州的官网查询。特拉华州是成立公司的一个极为常见的去处，在世界 500 强中，注册成立于特拉华的公司，就占了超过一半。特拉华州制定了若干有益于公司的税务规则及其他法律，部分人将特拉华形容成公司的"避税天堂"。况且，特拉华州不会要求公司在公司记录中列出高管或董事人员名单。由于这些记录无法通过律商联讯查询，必须通过特拉华州官网进行单独查询。该网站向你提供了购买关于某家公司的目前状态、税收报告及其历史信息的机会。同时，由于新泽西州大多数公司记录在律商联讯上都没有，所以，如果我们发现一个人曾在新泽西居住过或工作过，那么我们就会通过新泽西州秘书处进行单独搜索，以对在新泽西州备案的，将某个人列为高管、董事或注册代理人的任何实体进行识别。对于此类记录，我们可登录新泽西州官网进行查询。

由于我们对公司不当行径非常熟悉，所以我们很清楚该找哪些信息：避免在诸如公司记录之类的法律文件中使用个人姓名，只是骗子谋求其骗局得逞的方式之一。为了彻底地保护我们的客户,并为他们提供其所需信息,对于所有现有的公共记录,我们都会采用我们久经实践的成熟搜索策略,比如搜索公司记录时,不按名字按地址搜索。

让我们援引第38届奥斯卡最佳影片《音乐之声》中的一句台词吧:"让我们从头开始,因为那是一个很好的起点。"我们的任何调查都是从运行被我们称为"识别器"(前面章节已提及"识别器")的那套系统开始的。这些"识别器",是可以用来找到并确认一个人的名字、出生日期、近期地址及一个人的社会安全号码的部分数字的数据库。这些识别器不仅能在我们对人们进行定位的具体任务中真正助我们一臂之力,还在设定调查阶段方面扮演了不可或缺的角色。阿罗甘特、斯皮特、弗里恩克利尔、斯尼克斯、蒂帕特、利德、奥密特、弗朗特、格拉吉、盖尔、利吉特、阿克斯特格兰德、瑟普莱斯、巴克斯、威克德、霍克斯、钱斯、阿宾德、菲克舒恩、沙迪和埃姆布罗克,⊖在所有这些故事中,我们的调查效果,都有赖于我们采取的第一项措施。要是我们从一开始就误将和任何此类角色同名同姓的某个人作为调查对象,那么我们的客户就会认为,我们能力有限,更不用提,客户会认为,我们可能已经误告了不知多少人了。

这些"识别器"究竟为何物?其工作原理是什么?我们所用信息源收集可通过信用报告及其他信息源合法取得的信息,能为你提供某个人的个人资料。如果你在搜索时输入"佩内洛普·巴克斯",你就会找到全美所有名叫佩内洛普·巴克斯的人。一旦你基于已知地址记录和年龄选定了那个你要调查的"佩内洛普·巴克斯",你就能看到更多关于这名佩内洛普·巴克斯的信息。巴克斯的个人资料,将会为你显示巴克斯过去10年左右曾经

⊖ 本书的这些英文人名 Arrowgant、Speed、Freenclear、Sneaks、Deepart、Leader、Omit、Front、Grudge、Guile、Legitt、Axtagrinde、Surprise、Bucks、Wicked、Hoax、Chance、Abind、Fikshun、Shady、Imbroke,意思分别为:傲慢、迅速、不受牵连、鬼鬼祟祟、离开、带头者、疏忽、正前面、怨恨、狡猾、合法、居心叵测、令人惊讶、美元(块)、邪恶、骗局、机会、拮据、虚构、阴暗、破产。

居住过的地址，以及一些其他现成的花边新闻。作为持证私人调查员，我们有通道取得大多数公司都无法获取到的特定信息。此外，作为负责任的调查员，我们对身份盗用的持续威胁非常敏感。我们在使用所发现信息时，都非常小心谨慎（对那些担心隐私泄露的人来说，大可不必担心！这类信息并非主流，而且我们始终只会在（且仅在）专业调查时才会使用这类信息）。

我们运用了复合识别器数据库，并始终确保我们从一个信息源获得的信息能反映出我们从其他信息源获得的信息，这保证了我们调查报告的准确性。授权函准许我们对消费者信用记录进行审查，当我们让某位调查对象签署了授权函后，我们就会要求这个人提供其社会安全号码、出生日期及现住址信息。而后，当我们对我们的识别器信息源进行审查时，我们就能确保这些信息能匹配得上。不管你信不信，有时候人们会在告诉你他们的出生日期或社会安全号码时撒谎。此类情形如果发生，就相当于立即向你发出了明确的危险信号。如果约翰·吉奥克斯（John Jokers）告诉我们说，其社会安全号码是 123-45-6789，而我们发现，其社会安全号码其实是 123-45-6788（谎报了一位数），那么我们就会在我们所有的搜索中都同时搜索这两个号码，以弄清另一个号码会有什么对应信息。在其他一些案例中，我们也发现一个人提供的名字同其社会安全号码不匹配的情况。我们曾对约翰做过一次调查，直到我们进行学历背景确认时才查明，约翰并未取得那所院校的学位，但盖尔取得了这一学位。由于高校是按社会安全号码而非单纯按姓名保存学生记录的，所以，我们查明盖尔就是约翰的曾用名。你说这得有多巧！

我们通过识别器获得的信息，向我们提供了一个跳转点。由于地址会被用来寻找房产所有权记录、公司权益等，所以地址记录会告诉我们，该去哪里搜索法院及刑事记录。这类信息，仅当其互参互照且被恰当解释时方才有用。对于某一调查对象的身份识别信息，不应走马观花、读完了事，而是必须要对其加以分析，这才符合我们所有的搜索策略。

能让我们的搜索策略和所做分析管用的另一种方法，就是进行媒体搜索。我们可进入四大不同的新闻资讯数据库——律商联讯、彭博、法克提瓦和万法，这些数据库允许我们调阅成千上万的地方性、全国性和国际性报纸、杂志、交易期刊、电视新闻栏目记录及国会证词。我们经常发现，新闻中出现某个人时，会将其作为一名已为公司工作数年的员工加以报道。这弥补了职业履历核实流程的不足。媒体文章还会探讨当地社会的慈善活动和社会活动、体育赛事的参赛名单，并会经常提到这类盛事的出席人与主持人。这类报告也能提供有关某个人的关键信息。如果吉姆·史密斯参跑了一场马拉松赛或为贫困儿童主持了一场慈善捐赠活动，这就会帮助你勾勒出一幅有关吉姆·史密斯其人的更完整的画像。

当我们进行媒体搜索时，我们不仅寻求找到提及调查对象的文章，也寻求找出提及过去几年中曾为调查对象工作过的个人。前面章节曾提到，除了与和一个人关系要好的推荐人交谈外，与前同事交谈往往也会获得关于调查对象的重要信息。如果我们知道吉姆·史密斯于1999～2001年在美林证券某具体部门工作，那我们就会寻求找到提及这一期间于该部门与吉姆·史密斯共事的其他人的文章。然后，如果客户想联系吉姆·史密斯所提供的推荐人之外的人，那么我们所找到的他的那些同事，就可能成为非常不错的"线人"。同时，新闻信息源往往会提及一个人在公司享有的利益，这弥补了我们通过审查公司记录和商业数据库所找到的信息的不足。例如，某篇文章会提及吉姆·史密斯是某家公司的投资者，或在某公司董事会任职，或许多年前曾是某家商业银行的一名实习生。如果吉姆·史密斯是某家私营公司的投资者，那么他的名字可能就不会出现在这家公司的公司记录里。与此相似，实习生及公司其他管理层级别的员工，也不会出现在这家公司的公司记录中的人员名单上。结婚启事、房产转让及其他的一些当地人员清单，也有助于了解某个人的背景。媒体搜索有助于将一个人同其他公司、某些房产及其过去几年中的个人关系和职业关系进行关联。

和尼古拉斯·科斯莫（见第7章）的案例一样，通过媒体文章，我们也可发现某个人所涉争议问题。甚至，当话题不像科斯莫的人脉关系那样家喻户晓时，当需要识别一个人是否参与过一些会令其声名狼藉的活动时，当地小报纸上的文章就会起到至关重要的作用。这些当地报纸和其他区域性数据库会有警察临时记录簿，在某人因犯罪行为而被捕或遭到指控时，此类临时记录簿通常就会大显其用，克拉克·钱斯一案（见第17章）即为此例。当法院记录已被归档，或当我们在只审查近10年的法院记录的过程中无法找到可用的记录时，由于可能会出现中途撤诉、案子从未进行至庭审那一步，或是案件备案时间超过15年的情况，我们进行法院记录搜索时，就无法发现此类案件。我们所找到的人是现年45岁左右的人，他们要么因酒驾被捕，要么是大学期间曾袭击过他人。而这类信息不是先通过法院或刑事记录系统查实的，而是通过当地媒体信息源查实的。当进行资产搜索时，尤其是当我们调查房地产开发商时，交易期刊会扮演不可或缺的角色，对于这一点，我们已于第15章探讨。

媒体信息源，可谓无所不能。如果你查阅了一些媒体信息源之后，你的某一假设或推断仍然无法得到证实，那你就需要考虑一下，你是不是找错刊物类型了。如果你依赖谷歌搜索或其他互联网信息源，那你就很可能只有去筛选最近10年左右发表的媒体文章了。但是，当你运用如此处所述的这类商业数据库时，早至20世纪90年代初期，近至当下，这期间所发布的所有文章，你都能找到。这类刊物已将其缩微胶卷档案转让和出售给诸如律商联讯之类的公司，从而为我们提供了一个巨大的媒体信息源库。正是归功于我们找到的那些更早前的媒体文章，我们才了解到克拉克·钱斯的犯罪背景。当对某个人的背景进行调查时，任何时候有关这个人的信息，你都想查到，而不是受到信息查看时效限制。一个人的背景不存在过期之说，你的信息源也不应有时效一说。

确认一个人所获成就，如学历及专业证书，至关重要，对于这一点，我们已于第 3 章中探讨。人们捏造资格证书的发生率往往超乎你的想象，对于这一点，我们在第 3 章中举过不少例子。美国全国学生信息中心就是美国一家用于核实学历的主要高校信息中心。这家公司有一个网站（www.studentclearinghouse.org），简单易用，允许你对某个人取得的大多数学位进行确认，并会为你提供其入学登记信息。部分院校还要求，如果谁想对某名毕业生的学位进行确认，则其必须出示由该学生签署的授权函。不过，至于哪些学校会要求提供什么类型的信息，美国全国学生信息中心为你做了明确说明。要核实某些院校的学位，仍需前往学校进行现场核实。在此种情况下，我们就会单独联系学生入学及学位信息登记处。当我们发现学校所提供的关于某个人的信息和其简历上所示的信息不一致时，我们就总会向该校申请取得授权文件，确认发给我们的信息具体是什么信息，以避免出现任何差错或造成学历造假误告。

为确认一个人是否为注册会计师、特许金融分析师或拥有其他专业资质，美国某些特定的州或机构会有专门的网站提供用以确认此类证书的联系信息。例如，如果某个人声称其为纽约州的一名持证注册会计师，那么我们就会电询纽约州教育署专业办公室或登录其官网进行搜索，以确认其真实性。

在第 7 章中，我们探讨了托马斯·菲克舒恩一案及其是如何撒谎称自己曾为美国海军服役的。不幸的是，这类谎言实在是太多了。对于个人谎称自己曾为美国军队服役的例子，我们还遇到过许多。为了避免被忽悠，你始终应确认，一个人是否真的曾服兵役并光荣退役。你可以向美国国家档案和记录管理局递交一份申请，来确认一个人的兵役情况。

对于此类信息，我们可通过美国联邦和各州监管机构取得。对于这一点，我们已于第 16 章中谈到。我们特别提到，可向美国金融业监管局取得相关监管信息，以及可通过美国证券交易委员会的在案投资顾问表格来取得相关监管信息。对于此类信息，我们可通过美国金融业监管局官网（www.finra.org）和美国证券交易委员会官网（www.sec.gov）获取。许多其他监管机构，如美国全国期货协会也有其自己的官网，官网上也会提供金融从业人员的相关信息。登录其官网（www.nfa.futures.org），可对开展期货业务的公司或个人的登记信息进行查核。可查核的内容包括：美国全国期货协会和美国商品期货交易委员会所做出的纪律处分的记录。美国芝加哥期权交易所也保留有其对注册会员公司和经纪商的纪律处分记录。与此相似，当我们在英国进行调查时，我们会依靠英国金融服务管理局来获取金融从业人员相关信息。

在某个人过去 10 年中曾经居住过或工作过的司法管辖区搜索联邦法院和州法院记录与犯罪记录，非常重要，对于这一点，我们也已探讨。在第 7 章中，我们对如何通过法院电子记录公共入口获取联邦法院记录做了详解。至于州法院记录，美国部分州，比如佛罗里达州、康涅狄格州、科罗拉多州和弗吉尼亚州，会通过向公众开放的在线数据库来提供获取法院记录的便捷通道。而美国其他州，如纽约州和宾夕法尼亚州，会提供可通过在线搜索进行查询的全州范围内的犯罪记录。

我们从不依赖可提供"全国范围内"的法院记录或犯罪记录"搜索"的网站，原因是这类网站所收录信息还不够全面。在美国特定州，可供在线查询的法院记录或犯罪记录，仅限于业已结案的法院记录，因此不包含任何在审案件；而在美国其他一些州，在线法院记录和犯罪记录数据库不包含 3 年前备案的案件，也属常见。不管我们在美国哪个州进行法院记录和犯罪记录搜索，为确保信息的效力与准确性，我们始终都会弥补我们的在线搜索环节的不足：我们会派出我们的当地法院记录检索人员，前往相应法院或民事记录存放处，通过索引进行搜索。

例如，在山姆和迈克·瑟普莱斯一案中，我们就发现迈克·瑟普莱斯曾于美国联邦监狱服刑，我们是通过搜索犯罪记录来发现这类信息的。我们不只是在其现居住地展开了搜索，也在其几年前曾经居住过和工作过的地方展开了搜索。而且，为了确定瑟普莱斯是否以及何时曾于联邦监狱服刑，和对安德鲁·沙迪的做法一样，我们可以动用犯人定位器系统。这一通道允许我们对某个人展开搜索，并查明其获刑详情及刑满释放日期。我们已于第5章中提到，当你认为一个人多年前曾服过刑时，此举会很好地弥补法院电子记录公共入口的不足；同时，我们也对性犯罪者登记处做了探讨。这类性犯罪登记处，在美国大多数州，都可以轻松搜索到，并会警示你注意某一具体区域的任何已知性犯罪者。

当谈及犯罪记录时，"已删除"记录也不容忽视。2009年11月11日，《华尔街日报》曾报道称，美国越来越多的州收到一些个人或其律师的申请，要求将其犯罪记录删除。但是，当某一记录被删除时，这并不意味着这一记录就一定不会在公共领域里存在。当我们进行犯罪记录搜索时，无论是线上搜索，还是线下搜寻，通常我们都会发现逮捕报告或原始犯罪记录。而对于已删除记录，索引中可能已标记，也可能未标记。在此类情况下，尽管我们可能无法检索到法院记录来了解更多关于某一已删除刑事案件案情的信息，但我们的确知道，这一记录是真实存在的。

事实上，且更为滑稽的是，有时甚至连有机会成为我们公司一员的人，都未意识到这一点。我们曾招聘过一名刚从大学毕业的年轻小伙子，让我们叫他罗德·爱克里斯吧。经过对他两轮面试、一轮笔试及一轮研究天资测试之后，我们决定，在查清其背景后录用他。我们向他这样解释。

"在你的个人背景信息中，有没有什么应当让我们知道的信息？如果有，那现在就正是告诉我们的时候。"我们说道。

"没有。"他回答道。

"你从未被定过罪吗？"我们问道。

"从来没有。"这名竞聘者回答道。

于是我们让罗德·爱克里斯签署了一份授权函，并告诉他说，让他第二天回公司来参加岗前培训，并且我们会立马着手对他做背景调查。在第二天快结束的时候，犯罪记录搜索结果出来了。结果显示，罗德·爱克里斯曾因酒驾和吸食大麻而被捕并定罪。

当我们和他当面对质时，他说："可我被告知这一记录已被删除了呀！"我们随后向他解释道，企业决策服务股份有限公司显然不是适合他的地方。然后他怒辩道："你们怎么能因为我有犯罪记录，就放弃录用我呢！"

"不是因为这个，但我们可以因为你撒谎而放弃录用你。"我们回答道。

某个人明明知道，我们会对其进行犯罪记录搜索，竟然敢来一家调查公司应聘，而且还在其个人背景信息方面撒谎，未免也太有趣了！这种人不是我们想要的员工类型；我们要的员工是可以融入我们的其他优秀分析师团队的那类员工，是会在客户面前得体而专业地代表我们公司形象的那类员工。

在第 11 章中，我们讲述了佩内洛普·巴克斯的故事。她坦白称其盗用了其雇主 10 万美元，然而，我们经过调查确定，她实际上盗用了其雇主 100 万美元。在该故事中，我们对佩内洛普·巴克斯的财务现况进行分析时，我们对其信用报告所做审查起到了决定性的作用。你是否还记得，佩内洛普·巴克斯称，盗来的钱因其嗜赌被输得精光，所以她无法偿还公司这笔资金。当我们审查其信用报告时，我们看到了大西洋城赌场留下的 3 条查询记录。佩内洛普·巴克斯关于其对这笔钱的花费方式的说辞，就此得到了部分确认。（当一个人签署了一份授权函来允许我们联系赌场，对其信息进行检索，以查看其在赌场的预付现金和信用额度等信息时，我们还会向赌场进行深度问询。）

美国《公平信用报告法》规定，为了查看某个人的消费信用报告，在由第三方获取该人的信用报告之前，须先由其签署一份授权函。《公平信用报告法》由美国联邦商务委员会负责实施，旨在确保个人隐私安全和防止身份信息盗用。有几家头部信用报告机构——环联资讯（Trans Union）、选择点（Choice Point，现为律商联讯的一个分部）、益博睿（Experian）和艾贵发（Equifax，亦称"艾可菲"），会对信用报告进行汇编。这些机构出具的信用报告，基本都一样。

当我们审查一个人的信用报告时，我们会寻求弄清：其持有哪些分期付款账户和哪些循环额度账户、账户余额是多少，以及是否存有任何逾期还款或损益呆账。基本上，这些信息会向你透露一个人的消费支付能力及其按时还款的能力。我们会检查按揭贷款、"拆东墙补西墙"式的二次贷款、房屋抵押贷款和信用卡账户。如果联邦或州法院对某个人做了税务留置权备案，则此类留置权往往会在信用报告中体现出来。我们曾遇到过好几次这样的情况：我们要么在一个人的信用报告里发现了留置权，但在其法院记录搜索时未找到，要么在搜索一个人的法院记录时找到了留置权，但在其信用报告中未找到。这类情况，只有当我们应客户要求寻找一个司法管辖区的法院记录而其留置权却于另一个司法管辖区备案时才会出现。

最后，如前所述，我们寻求弄清，还有其他什么人曾调阅过一个人的信用报告。任何时候，只要一家公司查看过某个人的信用报告，这个人的信用报告上，就会显示"查询"日期以及审查过这份报告的公司名称。所以，如果你想租一辆宝马，然后，宝马公司在2003年3月6日这天对你做了信用报告查询，那么我们就可以在你的信用报告上看见该条查询记录。由于你可以看见某个人是否拥有参赌信用额度（如佩内洛普·巴克斯一案）、其是否曾遭遇催收公司催收，或者其是否申请了购车贷款或购房贷款，所以，在你进行评估的过程中，这些查询记录对你非常重要。同时，我们也遇到过某个人的信用记录曾被其他背景调查公司查询过的情况。

当我们同一时间调查多个人（比如某家公司头衔带"官"字的三大高管）时，我们会看一下他们每个人的消费信用报告查询日期，以确定此三人是否在同一天都留下了任何查询记录。如果美国银行于2007年11月17日对凯尔·霍普（Kyle Hope）、马修·盖恩（Matthew Gain）和桑迪·苟尔

（Sandy Goal）做了任何查询，那么我们也许就可推知，此三个人正谋求从美国银行贷款。如果美国银行决定不向他们放款，又意味着什么呢？作为霍普、盖恩和苟尔的一名投资者或潜在雇主，你难道就不想知道，他们的贷款请求为何会遭银行拒绝？在我们所有的调查报告中，我们都会提醒客户注意这类问题。

对于雇用前背景调查，《公平信用报告法》制定了严格的规则。在此类雇用前背景调查中，禁用备案或发生于7年以前的信息。所以，如果你拟雇用一名声誉良好的会计师凯瑟琳·海普（Kathryn Hype），然后你聘请我们对她做背景调查，我们将首先要求她签署一份授权函来允许我们审查其消费信用报告。然后，如果我们在研究过程中发现，15年前其曾做过破产保护备案，那么我们在调查报告里反映出这一信息，就属违法之举。但和所有法律一样，《公平信用报告法》也制定了细则来对这类规则加以限定。此类规定的要求详细而复杂，但你可以利用《公平信用报告法》的规则，来确保你遵守美国联邦商务委员会官网上列出的那些规定要求。

在第15章中，我们谈到了资产调查。我们以哈利·霍姆为例，来说明搜索房产记录和识别私人飞机、车辆、船只和政治捐款的方法。美国的州房产记录所显示信息，因州而异。部分州会提供某处房产的买卖双方详情，以及对某处房产所做的不同按揭贷款。此类房产记录，可通过律商联讯和万法以及各州其他不同的信息源进行查询。但在多数情况下，我们会电询当地估税员，获取关于某处住房的最准确信息。

如果哈利·霍姆住在弗朗特大街567号，房产记录显示，其于6年前以40万美元买下这套房产，那么我们就会电询当地估税员，以确认网上查到的信息依然准确与否。同时，如果貌似有多处地块都与哈利·霍姆所拥有的同一房产有关，那么我们就会电询估税员，以明确知道该处房产的面积大小以及这些地块的分割方式。和网上其他任何信息一样，房产记录更新时间可能滞后于交易发生时间。作为个人，于同一天多次重复买卖同一处房产，以避免受到当地估税员和权力机构的监控，是按揭欺诈的常见手段。

我们经常遇到这种情况：弗朗特大街567号的房产不再由哈利·霍姆拥有，而是由哈利·霍姆生活信托拥有。在房产记录中，也会详细注明一个人所拥有房产的地块编号。如果哈利·霍姆住在乡下，他除了拥有好几英亩[①]土地外，还很可能拥有其自己的房子。这套房子没有街道地址，而是只能通过地块编号进行确认。

对众多地块编号和此类房产的拥有人都进行记录，可能会无比累人。但是，力图从记录本身或估税员那里获取尽可能多的信息，始终都是很重要的环节。在本书中，我们反复提到，此类搜索不可在"真空"中进行。如果我们发现哈利·霍姆在加利福尼亚州洛杉矶市弗朗特大街567号拥有住宅，而随后又发现哈利·霍姆生活信托在内华达州拉斯维加斯拥有房产，那么我们就会重新搜索法院记录和犯罪记录，以确保我们的搜索范围也会涵盖拉斯维加斯。我们会基于我们每一次所做出的调查努力，对我们的研究策略做出持续的动态修订。

这些只是我们在进行调查研究时用到的部分资源和方法。但研究要达到透彻，只是调查难题之一。连点成线和信息分析双管齐下，才可将真正的调查同纯粹的原始数据堆砌区分开来。本书中的所有案例，都是倚赖分析才推导出相应的合理结论的。要不是因为做了严格的数据剖析，蒂帕特、斯尼克斯、阿罗甘特和奥密特，就只会成为另一个汤姆、迪克、哈利或约翰了。

[①] 1英亩 ≈ 4 046.86平方米。

Digging for Disclosure | 第 19 章

反复测评辨真伪

2008年秋至2009年冬那段时间，似乎每个月都会有新的丑闻昭然天下。伯尼·麦道夫、罗伯特·艾伦·斯坦福、彭日成，大骗子一个接一个。这些丑闻都有一个共同特征，那就是：闻名天下的商人，是如何让其客户沦为受害者，令他们除了一台用来观看诈骗新闻的电视机和一堆被掏得空空的银行账户以外，其他一无所有。虽然投资者颇感震惊，但他们还是有些丈二和尚摸不着头脑。他们开始琢磨，这类前所未有的财富移植，到底是如何发生的。丑闻发生之前，可曾有任何危险警示信号？对于这类规模浩大的骗局，可否躲过一劫？

运用本书中我们所探讨的方法，我们对麦道夫、斯坦福和彭日成进行了调查研究，以弄清一点：若我们为我们的客户对这些人做了背景调查的话，是否我们就会想到，这其中存有任何明确的危险信号。在每一次这样的骗局中，其始作俑者为满足其个人贪婪和私欲，都会竭力隐匿其犯罪活动。然而，当仔细观察这些骗局头目时，你可能就会注意到一些危险警示信号，来避免被卷入这类金融灾难的旋涡之中。本书中所述调查工具，如执行得当，将助你防患于未然，远离骗局，这一点，时间会向你证明。

厚颜无耻麦道夫

让我们先从最大的骗子——伯尼·麦道夫讲起吧。众所周知，伯尼对一桩长达 10 余年之久的庞氏骗局供认不讳。在这桩骗局中，伯尼掳走了投资者金额总计高达数十亿美元之巨的财富。近至他最亲密的朋友和顾问，远到亲朋好友的朋友的那些投资者，伯尼都成功地扮演了一个信誉良好的天才角色，他为投资者赚钱的能力"举世无双"。虽有一部分罪犯凭借他们那推销员般的个性特征，令毫不知情的受害者，掉进了他们的谎言圈套里，但伯尼依靠他对市场的超凡敏感性来施展其光环：投资技能独一无二，并且任何投资者都会因为成为其投资者俱乐部中的一员而倍感幸运。伯尼为其自己创造的人物角色，会迫使新的投资者感觉到一种无形的社会压力："你算哪根葱呀？伯尼的投资策略，你都敢质疑？你看看其他人，哪个没有追随伯尼一同投资。"

当对伯尼及其有关实体进行研究时，我们发现，缺乏透明度就是我们从他身上发现的最大的明确危险信号之一。无论是投资者还是监管机构，都无法真正接近伯尼。虽然现在我们知道他已瞒骗美国证券交易委员会多年，但伯尼所提交的 ADV 表格（做投资顾问登记而要向美国证券交易委员会递交的表格），可以说是相当敷衍了事。在这份以其公司"伯纳德·L.麦道夫投资证券"的名义提交的文件里，缺乏伯尼本人相关信息（几乎所有提问，均留空未答）。至于谁会为公司执行交易，该文件也只字未提（现在，我们知道，这些交易并不存在，可对此稍做解释）。该表格中列出的唯一其他个人，就是伯尼的弟弟彼得·麦道夫，他持有伯尼公司不到 25% 的股份。在该 ADV 表格中，唯一具有相关性的信息，就是两件信息披露大事件。这两次披露详述了伯纳德·L.麦道夫投资证券于 2007 年因违反"限价单"显示规定而被美国全国证券交易商协会（即现在的美国金融业监管局）

谴责并处以 8 500 美元罚金一事，以及伯纳德·L.麦道夫投资证券于 2005 年因未显示客户"限价单"而违反美国全国证券交易商协会的规章并被其谴责且处以 7 000 美元罚金一事。

除了伯尼的公司的这份空 ADV 表格以外，伯尼·麦道夫的明确危险信号还包括麦道夫所聘请的那家小联盟会计师事务所——纽约新城的一家仅由 3 人经营的小公司，其位于纽约市外约 50 千米的一处公路旁的购物饮食街。无论怎么看，这都不像是一家有能力对数十亿美元资金进行监督的会计师事务所。况且，我们还发现，伯尼同一些联营公司（比如考麦德证券）存在一些潜在利益冲突。考麦德证券本应是伯尼公司所聘请的独立证券经纪商。可我们审查公司记录后发现，伯尼和他弟弟彼得是考麦德证券的高管。而考麦德证券作为麦道夫的投资公司，位于纽约市口红大厦（53 号大街和第三大道）的同一套房内。这一关联信息，虽未在伯尼公司的 ADV 表格中体现出来，但在他提交给美国最大的独立证券监管机构——美国金融业监管局的个人登记表中披露了出来。监管机构本应至少问问，他同考麦德证券是什么关系。虽然成功的家族企业在美国比比皆是，但伯尼的弟弟、儿子和侄女出现在了考麦德证券的公司高管人员名单中的这一事实，已为投资者提供了对麦道夫进行质问的理由：为何其账本不向其家族成员以外的人公开？

我们还发现，伯尼公司于过去几年中经历了员工离职潮。这些前雇员手里应有很好的资源来提供给投资者。伯尼骗局的一些元素或已然暴露在他们眼前，故而选择离职，也或者，如果他们已离实情过近，遭伯尼解雇。

最后，我们找到了《巴伦周刊》(*Barron's*) 和《马尔对冲》(*MARHedge*) 刊载的一些会引发争议的新闻故事。这些故事对伯尼的投资策略提出了质疑。这些只是部分危险警示信号，为投资者提供了理由以在向麦道夫做出投资承诺之前中止投资。虽然尚未见公然犯罪之处，但也已然可见微知著。

变化无常斯坦福

接下来,我们即将为你讲述罗伯特·艾伦·斯坦福。2009 年 2 月,美国证券交易委员会指控罗伯特·艾伦·斯坦福及其三家关联公司"上演"了一桩涉案金额高达 80 亿美元的骗局。实际上,美国证券交易委员会指控罗伯特·艾伦·斯坦福向投资者做出了存单高回报的虚假承诺。斯坦福又称"艾伦先生",当他在安提瓜岛获授爵位后,他就更喜欢人们称呼他"艾伦先生"了。艾伦先生是美国得克萨斯州本地人,同时也是圣克洛伊岛和安提瓜岛的永久居民。他的主公司为斯坦福集团公司,其因同时向美国共和党和民主党两党政客豪捐巨款而家喻户晓。这些政客也极其便利地涉足了国际离岸银行业务。同时,斯坦福还因同监管机构(尤其是他的发迹所在地安提瓜岛的那些监管机构)维系有貌似融洽的关系而名声大噪。

和伯尼·麦道夫一样,艾伦先生也是凭借名声来诱使其他投资者掉入其布下的诈骗之网的。但在同意将钱交给艾伦先生之前,要是对他做哪怕一丁点儿调查的话,作为一名脚踏实地的投资者,会对伯尼有何发现呢?

我们确认,斯坦福集团公司作为斯坦福先生的一家联营公司,于美国金融业监管局注册。而其注册信息(可通过美国金融业监管局官网免费查询),详述了向斯坦福集团提起的许多起仲裁案件。尤其是 2001 ~ 2006 年,就发生了 7 起针对斯坦福的仲裁案件。他被指控从事不同严重程度的欺诈,包括:违反授信责任、失职、遗漏事实、进行频密交易、从事未经授权的交易以及做虚假陈述与财务造假。在这 7 起仲裁案中,斯坦福败诉了 4 起。

好像这还并不足以让任何投资者质疑斯坦福,其于美国金融业监管局的注册文件中,也列出了美国金融业监管局向其公司提起的数起诉讼。这些监管信息披露包括以下内容：

- 2007 年，斯坦福集团因在存单信息披露中歪曲事实而遭到谴责，并被处以 10 000 美元的罚金。
- 2007 年，其公司的私人投资者经纪业务，由于未能达到资本净值要求以及未能维持充分的合规制度等原因而遭到谴责，并被处以 20 000 美元罚金。
- 2008 年，斯坦福集团因多次未对其估值方法以及可能会阻碍投资者达到斯坦福所宣传的目标价格的能力的风险做出披露而遭到谴责，并被处以 30 000 美元罚金。
- 2008 年，斯坦福集团因未能妥善报告与监督客户的市政证券交易而遭到谴责，并被处以 10 000 美元罚金。

扼要概述：任何投资者都可以"蹦上"美国金融业监管局官网，并发现：在不到两年的时间里，斯坦福曾多次被指控从事欺诈，而且因其向客户歪曲事实或未披露适当信息与策略，遭美国金融业监管局罚款 4 次。虽然鉴于斯坦福的企业规模和性质，可能某些违规或指控看起来像是走走程序而已，但是当一家公司屡被提起诉讼时，在继续推进与这类公司的任何业务关系之前，就绝对有理由务必谨慎行事，或至少得先问一些问题了。除了那些向美国金融业监管局报告的信息以外，2008 年 1 月，斯坦福集团公司的两名前雇员在得克萨斯州哈里斯县地方法院对艾伦先生提起了诉讼，指控其公司存有非法终止劳动合同、就业歧视及欺诈行为。通过审查案件中对他提起的指控，确定了原告都是斯坦福集团前高净值客户金融顾问。他们意识到，公司存有出售存单和发行其他证券的非法做法。原告要求公司管理层合法合规经营，但他们的要求遭到公司拒绝后，原告就只能被迫辞职，以免和公司同流合污。结果证明，在该案备案之前，这两名前雇员已于 2007 年对此向美国证券交易委员会作证。由于美国证券交易委员会对斯坦福的指控与原告提起的指控非常相似，因此，该案件中的指控起到了"星火燎原"的作用，公司对存单价值做了虚假列报，最终得到证实。

夸张回报就是引发投资者担忧的原因。如果有谁对这一观点不满意，那么，试问你一下，"庞氏骗局"知多少？

2006 年 3 月，佛罗里达州迈阿密戴德县的一名前雇员对斯坦福金融集团提起了诉讼。该前雇员称：公司"正在操盘'庞氏'骗局或传销骗局，其将新入场资金转移到其离岸银行账户中，将黑钱洗白，并利用这些钱来为其不断增长的经纪业务提供资金。而该经纪业务本身并未产生任何利润"。用"庞氏骗局"一词来形容斯坦福集团，这并不是第一次。

2005 年 11 月，有人就在佛罗里达州南区美国地方法院向斯坦福集团公司及其几家联营公司提起了民事诉讼。本次法律诉讼系由斯坦福的两名委内瑞拉籍投资者提起。这两名委内瑞拉人指控称，斯坦福国际银行向委内瑞拉国民"蓄意助推和教唆……一场经典的庞氏骗局"。特别是，原告指控称，本案的共同被告弗雷迪·曼扎诺（Freddy Manzano），因其系一起被称为"回归"的庞氏骗局的始作俑者而成为委内瑞拉这个国家的一名逃犯，而原告也是"回归"庞氏骗局的投资者。原告称，曼扎诺将斯坦福国际用作了一家供其存放资金的银行，而斯坦福国际已通过斯坦福金融知悉这起骗局，但还是允许曼扎诺向其存钱，并开具了假期票。这桩案件，最后以私了告终。

在已确定斯坦福集团被指控欺诈、操盘庞氏骗局以及向投资者陈述虚假信息之后，关于这家公司，公共领域还有其他什么信息可供投资者了解的呢？想必你也猜到了，那就是洗钱。

早在 2002 年 8 月，卡迪尔海外有限公司（Kadir Overseas Ltd.）和豪尔赫·巴斯蒂达·加拉多（Jorge Bastida Gallardo）在佛罗里达州联邦法院对斯坦福集团公司和斯坦福国际银行提起了民事诉讼。媒体文章显示，原告名叫阿马多·卡里略·富恩特斯（Amado Carrillo Fuentes），是墨西哥毒枭的一线成员。他指控称，当该银行自愿将300万美元的洗钱团伙资金提供给美国缉毒局以协助毒品调查时，斯坦福集团未对洗钱团伙的资金尽到保护责任。诚然，洗钱者利用合法渠道来指责斯坦福不对其黑钱进行保护，并敢将此纠纷交由权力机构处理，真是喜剧加闹剧。不过，除此之外，其陈述非常明了：斯坦福集团在为墨西哥洗钱团伙持有资金。另有几篇已发布的媒体文章，也对斯坦福和这些墨西哥贩毒集团的关系进行了探讨。

  有关斯坦福洗钱的谣传迅速扩散，很快就传入了法院人员耳中。20世纪90年代末和21世纪初，鉴于斯坦福国际银行是安提瓜岛最大的银行暨成熟的离岸银行中心，各类新闻文章都将美国政府对安提瓜岛洗钱的担忧和斯坦福银行关联在了一起。安提瓜岛的领袖们将斯坦福形容为该岛上"最具影响力"的人物。尽管艾伦爵士本人并未涉及犯罪行为，但在1998年安提瓜进行的一次充满争议的反洗钱立法大修订时，他依然是争论的焦点人物。安提瓜总理莱斯特·伯德与斯坦福关系密切，他请斯坦福出面来牵头改革。美国政府抱怨称，安提瓜岛新的保密规则只会令该国作为洗钱避风港的名声进一步恶化。美国表示，斯坦福出现在安提瓜一家由6名成员组成的监管机构中，会造成安提瓜同美国的利益冲突。后来，美国财政部针对安提瓜发布了一份特别公告，警告安提瓜岛各银行在处理经由安提瓜的交易时须额外采取预防措施。这类媒体报道称，安提瓜最终对其银行法做了重大修订。本次修订足以将安提瓜从2001年问题离岸避风港名单中除名。

  很有意思的是，斯坦福也和伯尼·麦道夫一样，聘请了一家小会计师事务所，来对其银行业务经营进行监督。休利特会计师事务所总部设于安提瓜，由查尔斯沃思（谢莉）·休利特经营，其于2009年1月去世。

  关于罗伯特·艾伦·斯坦福及其公司的所作所为，公共领域存有大量相关信息。要是投资者懒得按我们所建议的研究方法（见本书前几页所述内容）去查实过去几年中斯坦福公司所发生的事情，我们就会怀疑，恐怕任何投资者都会把钱投给由斯坦福运营的金融机构去打理。

害人不浅彭日成

那彭日成又如何呢？彭日成是中国台湾人，他在美国加利福尼亚州设有办事处，并经营私募股权管理集团。在向投资者募集数百万美元的过程中，投资者多为中国台湾人。彭日成滥用其同中国台湾富豪的人脉关系，并利用了其说谎的天分。2009年4月，美国证券交易委员会向彭日成提起了民事诉讼，称其已骗取投资者数百万美元。美国证券交易委员会火速采取行动，冻结了彭日成的资产。美国证券交易委员会向彭日成提起诉讼两周后，美国联邦调查局逮捕了彭日成，称其为了规避向美国联邦监管机构知会，故意对其取现操作进行了结构化处理，将每次取现金额都限定在1万美元以下，而美国联邦监管机构将1万美元的金额设为了识别洗钱活动的起始金额。彭日成在其"纸牌屋"崩塌5个月后，于2009年9月自杀身亡。

彭日成向投资者称，他于欧文分校取得了加州大学的工商管理硕士学位，所以，在对彭日成进行背景调查时，我们试图确认其学历背景的真实性。似乎，除彭日成本人外，其他人都不知道他拥有这一学位。校方称，尽管彭日成于1986年曾报过一个工商管理硕士学习班，但他从未到课堂上过任何课程。取得加利福尼亚州大学的本科或工商管理硕士学位，自然也就成了无稽之谈。

同时，我们也寻求对彭日成在其私募股权管理集团网站上贴出的个人履历中所做陈述进行确认。彭日成在履历中称，其曾系"众多"上市公司的董事会成员。我们查遍了所有的美国证券交易委员会备案文件，并未发现彭日成担任过任何上市公司的董事会成员。而且，我们向美国证券交易委员会核实后确认：彭日成的投资公司并未登记为投资顾问，且其并未分别向美国证券交易委员会、美国金融业监管局或美国其他任何联邦或州监管机关做单独登记（再次提醒，对于此类信息，随时可在美国证券交易委员会和美国金融业监管局官网查询）。此外，此类信息会让任何一位投资者都意识到：彭日成在现实版"棒球赛中处于0：2淘汰出局"的不利境地，并且彭日成故意不向任何相关监管机构披露其所从事的活动。

我们的下一个步骤是，弄清彭日成是否涉任何重大法律诉讼，或出现在任何法院备案文件中。此类法律诉讼或法院备案文件，将会向投资者提供一些有关彭日成会如何使用投资者资金的线索。虽然我们未在中国台湾对彭日成进行调查，但我们对其在加利福尼亚州的法院记录进行了一番实实在在的审查，发现其于数起民事案件中以被告身份出现。最惹人注意的是，2001年4月，彭日成及其一家公司名称为"环太平洋资本"的联营公司在奥兰治县法院被指控从事欺诈。本案历时5年之久，直至2006年2月，方才结案。如果所列诉讼案由为欺诈、敲诈勒索，或者，如果一个人遭到金融机构起诉，那么投资者在采取进一步行动之前，就务须先停下来，仔细了解其人其事了。

此外，加利福尼亚州奥兰治县的案件索引信息显示，2003年，彭日成遭伊戈尔·郭（Eagle Guo）指控违约。乍一看，"违约"似乎并无任何异常之处，但我们了解到，"违约"仅为本案众多案由之一。我们经审查本案中提出的指控后了解到：原告伊戈尔·郭是彭日成的一名投资者，他除了指控彭日成违约以外，还指控彭日成从事了推定欺诈和出售不合格证券。这名投资者称，他给了彭日成8万美元，用于投资某只基金（该基金后来被认为系子虚乌有），而彭日成"卷款潜逃"，并将这笔钱归其个人所有。要是投资者检索了本案中的法院备案文件的话，他们就会知道，彭日成有过欺骗其他诚实投资者的不良过往记录。最终，1999年，米德兰国家人寿保险公司和花旗集团两家金融机构对彭日成个人提起了法律诉讼。

彭日成错就错在盲目自信与乐观上。理论上，为继续展开其骗局，他可能会对自己的教育背景撒谎。然后，在他意识到自己的错误之前，这个谎言已持续数年，想要全盘招供，为时已晚。对彭日成提起的法律诉讼，总是可能给不出确凿的事实根据。甚至，对他提起诉讼，可能只是美国人对中国台湾人抱有偏见的一种表现而已。但是，2002年，一些刊载的媒体文章反复报道称，美国联邦调查局称彭日成"可能"同中国台湾黑帮有染？或是，彭日成的前雇主——天空资本合伙的总裁兼首席执行官称，彭日成盗用了该公司300万美元，并伪造了该公司首席执行官的签名。接着，就是彭日成那令人不安的个人问题了。他的前妻珍妮·路易斯曾是一名脱衣舞娘，她曾电话报警，将警察叫到他们家里。她称彭日成对其进行殴打，并将她父母的钱偷走。1997年，时年33岁的珍妮遇害，凶手不明。2002年，被指控谋杀珍妮的男子在法庭上供认，他以彭日成的名义，从事了洗钱活动。后来查明，该男子并非杀害珍妮的真凶。

至此，我们已确定的彭日成的明确危险信号包括：被指控犯有洗钱罪、盗窃罪、伪造签名或文件罪、虐待罪和诈骗罪等多项罪行。后来，私募股权管理集团的前雇员透露称，彭日成用投资者的钱，购买了一架湾流喷气式飞机。甚至他还胆大包天、直言不讳地告诉其某些员工，自己正在从事一起庞氏骗局。要是当时你已尽知此类信息，你还会把钱交由彭日成打理吗？

□ **彭日成的法院记录**

牵涉彭日成的法庭案件，可登录加利福尼亚州奥兰治县法院系统网站在线获取。

巴尤基金曾记否

巴尤对冲基金集团（Bayou Hedge Fund Group）是由山姆·伊斯雷尔第三（Sam Israel III）创立的一家对冲基金。2005年，他对骗取投资者4.5亿美元的罪行供认不讳。同伯尼·麦道夫与罗伯特·艾伦·斯坦福一样，投资者为了取得不切实际的回报，很快就将钱交给了巴尤。连基本的尽职调查步骤，都被他们抛之脑后。而这些步骤可能会给他们提供大量信息。这些信息可表明投资山姆并非明智之举。为了找到任何可预见巴尤投资者发生踩踏性溃逃的线索，我们对山姆的背景进行了研究。然后，我们发现，在其前雇主公司的供职年限和岗位职责方面，山姆对其资历明显言过其实。当然，山姆的谎言和管理不善的例子，并不止这些。

2003年3月，两名前雇员在路易斯安那州向巴尤（Bayou）、山姆·伊斯雷尔第三和首席财务官丹·马里诺（Dan Marino）提起了诉讼。在对本案中提起的诉讼进行审查的过程中，我们确定，这两名前雇员指控称巴尤可能同时违反了美国证券交易委员会和美国全国证券交易商协会（即现在的美国金融业监管局）的规章。本次指控同时还提到，2002年12月，公司耗用了700万美元，但资金去向不明。诉状显示，两名原告向山姆·伊斯雷尔第三提出款项不翼而飞的问题后不久，他们很快就遭巴尤解雇走人。

据称，巴尤首席财务官丹·马里诺⊖是巴尤聘请的独立会计师事务所的注册代理人。2005年3月，巴尤新聘了一位投资总监。这名新任总监曾于1993年5月根据美国《破产法》第7章规定申请过破产保护，而后又在2002年4月于加利福尼亚州根据美国《破产法》第13章规定再一次申请了破产保护。如果一个人明显自身难保，你还敢聘请他担任你的投资总监吗？

最后，我们发现，2003年3月，丹·马里诺于马恩岛对一只基金提起

⊖ 此丹·马里诺非彼丹·马里诺——著名的迈阿密海豚橄榄球队四分卫。

了诉讼，称该基金的负责人犯有欺诈和虚假陈述。通过审查本案的诉状，我们确定，丹·马里诺向这只基金投了200万美元。要是投资者了解该案，他们就会立刻对这200万美元投资的资金来源提出质疑，并希望了解更多关于丹·马里诺、巴尤同这只被指控从事欺诈的基金之间的关系的信息。

斯坦福集团公司、彭日成和巴尤相关公共记录信息，比伯尼·麦道夫相关公共记录信息要丰富得多，因而他们会比伯尼·麦道更具公然破坏力。然而，罗伯特·艾伦·斯坦福、彭日成和伯尼·麦道夫三人，都有一个共同点，那就是：姑且不论他们的声誉是杜撰捏造的还是名副其实，他们都利用了自己的声誉来将投资者蒙在鼓里。对于这一投资现象，我们称之为"从众投资"。投资者在投资时不做研究，只看声誉，见别人投，自己也跟着投。伯尼的声誉受到了其广大的亲朋好友人脉网的大力支持，他们对伯尼一呼百应；斯坦福的声誉是通过同国内外有影响力的政府首脑建立紧密友谊而确立的；彭日成的声誉则是通过其故土中国台湾的人脉树立起来的。此三人还有另一个共同特性，那就是：要是任何人有兴趣对此三人做调查的话，其实诸多信息和警示信号就摆在你眼前。

故事寓意你知否

2008年和2009年，全球经济踟蹰不前。曾一度受人尊敬的金融机构，境况也一落千丈。企业欺诈丑闻，每周都会曝光。我们于本章中探讨的部分最大骗子——麦道夫、斯坦福和彭日成就是在该期间昭然于天下的。但要知道，欺诈投资者的事件，并不只限于这期间，也不大可能只限于这期间。了解这一点，非常重要。1985年6月10日，《时代周刊》刊载了一篇题为《套房内的犯罪》的文章，文章道明了局势发展方向，称《财富》杂志可能很快就会发布全球最受欢迎的500家企业名单。在过去数月里，新闻资讯都充斥着商业骗局和丑闻、企业阴谋和彻头彻尾的犯罪方面的故事。这些罪行连缀成了一本骗术册：政府防务合同招标欺诈、支票填写欺诈、虚假证券交易、逃税、内幕交易及洗钱……但是，在如此短的时间内，被指控犯有这么多不当行径的大牌商人和企业，竟是如此之多，实属罕见。一些商业趋势，包括金融监管松绑、大型企业集团增多以及电汇转账兴起，似乎正在令商人偏离法律的机会和诱惑呈现倍增趋势。

你所要做的就是套用本段中提到的一些犯罪类型。本书所述内容，只需稍微变换一下花样，今天就会照常管用。那篇1985年的媒体文章，对20世纪80年代猖獗肆虐的企业犯罪进行了探讨。此类犯罪，如内幕交易和洗钱等，大多仍是令人关注的问题。虽然美国联邦和州监管机构争相实施经修订革新后的规则，以应对近期的企业欺诈潮，但法律漏洞总会存在。在2008年实施《不良资产救助计划》后几周内，美国就任命了一名特别监察长来对该计划的潜在欺诈行为进行监控。截至2009年4月，涉嫌《不良资产救助计划》欺诈的调查案件就达20起之多。2010年3月，位于纽约市的公园大街银行（Park Avenue Bank）的首席执行官因涉嫌此类欺诈而被捕。高管因违反《不良资产救助计划》规则而遭到刑事诉讼，这尚属首次。据称，为了非法从《不良资产救助计划》救助资金中分一杯羹，这名首席执行官谎报了其银行财务状况。

那些鬼点子多的企业犯罪分子，为追求财富、权力及其他一切可驱使他们追求之物，就会铤而走险，继续想方设法，钻法律空子。为了避免沦为受害者，答案不在于恐惧或漠不关心。偏执和无知一样，也会让一个人沦为受害者。相反，你能否躲过一劫，取决于你是否能明察秋毫，而信息就是你的法律顾问。

本书中所探讨的案例都指向了一个共同主题——披露。当信息被隐瞒时，交易或投资的成功率就会大打折扣。当信息未得到适当披露时，大到伯尼·麦道夫金额高达10亿美元的庞氏骗局，小到简历的略微夸大，知情人和被骗者之间就会展开角力。其最终结果总会是一方臭名远扬，一方血本无归。无论是在美国境内还是境外，对于每一桩交易，信息透明度都至关重要。

我们根据自己的丰富调查经验向你讲述了这些故事，初衷自然不会是灌输恐惧吓吓你，而是以事实告诉你，一定要谨慎行事。背景调查的目的，是确认某个人的声誉好坏，并引起你对任何言不符实、争议、声誉问题或可能影响你交易成败的潜在问题的注意。我们进行背景调查时，如果发现一个人为人光明磊落、言如其实，我们就会感到欣慰。你在做法律和财务尽职调查的同时，也必须始终要做背景调查与评估。我们收集的情报，是为了保护你，并且无论你的交易结果如何，我们都会为你提供信心与知识，以便继续推进交易。背景调查会为你提供情报，而这些情报又会反过来为你提供方便你做出明智之举的动力。

关于注册估值分析师认证考试

CVA 考试简介

注册估值分析师（chartered valuation analyst，CVA）认证考试是由注册估值分析师协会（CVA Institution）组织考核并提供资质认证的一门考试，旨在提高投资估值领域从业人员的实际分析与操作技能。本门考试对专业实务及实际估值建模等专业知识和岗位技能进行考核，主要涉及企业价值评估及项目投资决策。考试分为实务基础知识和 Excel 案例建模两个科目，两科目的内容包括：会计与财务分析、公司金融、企业估值方法、私募股权投资与并购分析、项目投资决策、信用分析、财务估值建模 7 个知识模块。考生可通过针对各科重点，学习掌握中外机构普遍使用的财务分析和企业估值方法，演练企业财务预测与估值建模、项目投资决策建模、上市公司估值建模、并购与私募股权投资估值建模等实际分析操作案例，快速掌握投资估值基础知识和高效规范的建模技巧。

- **科目一 实务基础知识**，是专业综合知识考试，主要考查投资估值领域的理论与实践知识及岗位综合能力，考试范围包括会计与财务分析、公司金融、企业估值方法、私募股权投资与并购分析、项目投资决策、信用分析这 6 部分内容。本科目由 120 道单项选择题组成，考试时长为 3 小时。

- **科目二 Excel 案例建模**，是财务估值建模与分析考试，要求考生根据实际案例中企业历史财务数据和假设条件，运用 Excel 构建出标准、可靠、实用、高效的财务模型，完成企业未来财务报表预测，企业估值和相应的敏感性分析。本科目为 Excel 财务建模形式，考试时长为 3 小时。

职业发展方向

CVA 资格获得者具备企业并购、项目投资决策等投资岗位实务知识、技能和高效规范的建模技巧，能够掌握中外机构普遍使用的财务分析和企业估值方法，并可以熟练进行企业财务预测与估值建模、项目投资决策建模、上市公司估值建模、并购与股权投资估值建模等实际分析操作。

CVA 注册估值分析师的持证人可胜任企业集团投资发展部、并购基金、产业投资基金、私募股权投资、财务顾问、券商投行部门、银行信贷审批等金融投资相关机构的核心岗位工作。

证书优势

- **岗位实操分析能力优势**——CVA 考试内容紧密联系实际案例，侧重于提高从业人员的实务技能并迅速将之应用到实际工作中，使 CVA 持证人达到高效、系统和专业的职业水平。
- **标准规范化的职业素质优势**——CVA 资格认证旨在推动投融资估值行业的标准化与规范化，提高执业人员的从业水平。CVA 持证人在工作流程中能够遵循标准化体系，提高效率与正确率。
- **国际同步知识体系优势**——CVA 考试采用的教材均为 CVA 协会精选并引进出版的国外最实用的优秀教材。CVA 持证人将国际先进的知识体系与国内实践应用相结合，推行高效标准的建模方法。
- **配套专业实务型课程**——CVA 协会联合国内一流金融教育机构开展注册估值分析师的培训课程，邀请行业内资深专家进行现场或视频授课。课程内容侧重行业实务和技能实操，结合当前典型案例，选用 CVA 协会引进的国外优秀教材，帮助学员快速实现职业化、专业化和国际化，满足中国企业"走出去"进行海外并购的人才急需。

考试安排

CVA 考试每年于 4 月、11 月的第三个周日举行，具体考试时间安排及考前报名，请访问 CVA 协会官方网站 www.CVAinstitute.org。

CVA 协会简介

注册估值分析师协会（Chartered Valuation Analyst Institute）是全球性及非营利性的专业机构，总部设于香港，致力于建立全球金融投资估值的行业标准，负责在亚太地区主理 CVA 考试资格认证、企业人才内训、第三方估值服务、研究出版年度行业估值报告以及进行 CVA 协会事务运营和会员管理。

联系方式

官方网站：http://www.cvainstitute.org。
电话：4006-777-630。E-mail：contactus@cvain-stitute.org。
新浪微博：注册估值分析师协会。

协会官网二维码：　　　　　　　　　　微信平台二维码：

CFA协会投资系列
CFA协会机构投资系列

机械工业出版社历时三年,陆续推出了《CFA协会投资系列》(共9本)《CFA协会机构投资系列》(共4本)两套丛书。这两套丛书互为补充,为读者提供了完整而权威的CFA知识体系(Candidate Body of Knowledge,简称CBOK),内容涵盖定量分析方法、宏微观经济学、财务报表分析方法、公司金融、估值与投资理论和方法、固定收益证券及其管理、投资组合管理、风险管理、投资组合绩效测评、财富管理等,同时覆盖CFA考试三个级别的内容,按照知识领域进行全面系统的介绍,是所有准备参加CFA考试的考生,所有金融专业院校师生的必读书。

序号	丛书名	中文书号	中文书名	原作者	译者	定价
1	CFA协会投资系列	978-7-111-45367-3	公司金融:实用方法	Michelle R. Clayman, Martin S. Fridson, George H. Troughton	汤震宇 等	99
2	CFA协会投资系列	978-7-111-38805-0	股权资产估值(原书第2版)	Jeffrey K.Pinto, Elaine Henry, Jerald E. Pinto, Thomas R. Robinson, John D. Stowe, Abby Cohen	刘醒云 等	99
3	CFA协会投资系列	978-7-111-38802-9	定量投资分析(原书第2版)	Jerald E. Pinto, Richard A. DeFusco, Dennis W. McLeavey, David E. Runkle	劳兰珺 等	99
4	CFA协会投资系列	978-7-111-38719-0	投资组合管理:动态过程(原书第3版)	John L. Maginn, Donald L. Tuttle, Dennis W. McLeavey, Jerald E. Pinto	李翔 等	149
5	CFA协会投资系列	978-7-111-50852-6	固定收益证券分析(原书第2版)	Frank J. Fabozzi	汤震宇 等	99
6	CFA协会投资系列	978-7-111-46112-8	国际财务报表分析	Thomas R. Robinson, Elaine Henry, Wendy L. Pirie, Michael A. Broihahn	汤震宇 等	149
7	CFA协会投资系列	978-7-111-50407-8	投资决策经济学:微观、宏观与国际经济学	Christopher D. Piros	韩复龄 等	99
8	CFA协会投资系列	978-7-111-46447-1	投资学:投资组合理论和证券分析	Michael G. McMillan	王晋忠 等	99
9	CFA协会投资系列	978-7-111-47542-2	新财富管理:理财顾问客户资产管理指南	Roger C. Gibson	翟立宏 等	99
10	CFA协会机构投资系列	978-7-111-43668-3	投资绩效测评:评估和结果日报	Todd Jankowski, Watts S. Humphrey, James W. Over	潘席龙 等	99
11	CFA协会机构投资系列	978-7-111-55694-7	风险管理:变化的金融世界的基础	Austan Goolsbee, Steven Levitt, Chad Syverson	郑磊 等	149
12	CFA协会机构投资系列	978-7-111-47928-4	估值技术:现金流贴现、收益质量、增加值衡量和实物期权	David T. Larrabee	王晋忠 等	99
13	CFA协会机构投资系列	978-7-111-49954-1	私人财富管理:财富管理实践	Stephen M. Horan	翟立宏 等	99